그들은
어떻게
전도했는가

모든 그리스도인을 단기간에 전도자로 세우는 신개념 제자훈련

그들은 **어떻게** 전도했는가

안창천

너희는 가서 모든 민족을 제자 삼으라!

주님의 지상 명령에 순종하기 위해 지구촌 곳곳에서
고군분투하는 복음 전도자들과 함께합니다.

추천사

박진구 목사 · 박양우 장로

평신도를 단기간에 전도자로 세우는 시개념 제자훈련
HOW DID THEY EVANGELIZE?

하나님의 꿈을 이루어 드리는 책

"I have a dream." 마틴 루터 킹 목사는 피부색과 관계 없는 세상을 꿈꾸었고, 마침내 그의 꿈은 실현되었다. 하나님 아버지의 꿈은 한 사람도 잃어버리지 않고 모든 사람이 구원받는 것이다(딤전 2:4). 때가 되면 이 꿈은 반드시 성취되어진다.

그러나 이 꿈이 성취되려면 우리가 반드시 해야 할 일이 있다. 잃어버린 영혼을 찾아가서 복음을 전하여 구원받게 하고, 또 그들이 다른 사람에게 복음을 전하고 가르치도록 훈련해야 한다. 아무리 열심히 교회 안에서 예배를 드리고 세계 복음화를 위해 간절히 기도해도 주님의 마지막 명령에 순종하지 않으면 하나님의 꿈은 이루어질 수 없다.

그런데 우리의 현실은 어떠한가? 대부분 예배당 안에서 예배드리는 일에만 관심을 갖고 세상으로 가서 복음을 전하지 않을뿐더러 가르쳐 제자 삼는 일에는 별로 관심이 없다. 그래서 교회는 점점 침체되어 가고, 교인 감소 추세는 가파르게 상승하고 있다. 이런 현상은 단지 국내뿐 아니라 선교현장에서도 동일하다.

그런데 지구촌 곳곳에서 이러한 영적 지형을 바꾸는 한 사람이 있다. 그는 D3평신도사역연구소 대표 안창천 목사님이다. 그는 그리스도인들에게 복음의 왕성함을 꿈꾸게 하고, 초대교회의 감격과 기쁨을 맛보게 하고 있다. 또 평신도들이 복음을 전하고 가르쳐 제자 삼도록 훈련하여 침체된 교회에 새로운 활력을 불어넣고 있다. 나는 서슴지 않고 그를 이 시대의 마틴 루터라고 부른다.

전도와 제자훈련에 관한 책들을 많이 접해보았지만 적용하기가 힘들어 실패를 거듭했다. 그러나 안 목사님의 3분 복음메시지와 그의 모든 훈련 교재들은 적용이 쉬워 단번에 성공했다. 복음의 불모지인 일본 나고야에서 안 목사님과 그의 저서들을 통하여 배우고, 교제하며, 코치받아 불과 6개월 만에 3배의 부흥이 일어나는 기적을 맛보았다.

본서는 저자의 뜨거운 기도와 성령 충만함으로 쓰여졌고, 이론과 실제의 균형을 잘 이루고 있다. 독자들이 서너 번 정독하면 사람을 변화시키는 훈련 방법을 깨닫게 되어 가장 효과적인 방법으로 복음을 전함므로 폭발적인 교회 부흥을 맛보게 될 것이다. 모든 언어로 번역되어 '천로역정'보다 더 많이 읽히기를 기도드린다.

하나님의 꿈은 반드시 우리를 통해 이루어집니다.

전 전주안디옥교회 담임, 현 나고야국제교회 담임
박진구 목사

평신도가 지상 명령에 순종하도록 안내하는 책

42년 지기 안창천 목사님이 또 사고를 쳤다. 총체적인 한국교회의 근본적인 문제에 대한 정확한 진단과 처방을 내놓은 것이다. 지금 한국교회는 절체절명의 위기상황에 놓여 있다. 그리스도인이라면 아무도 이런 현실을 부인하지 않을 것이다.

한동안 놀랄 만한 부흥으로 전 세계 기독교의 주목을 받았던 한국교회가 어떻게 이 지경에 이르게 되었는가? 이에 대한 진단은 다양할 것이다. 그러나 평신도인 내가 보는 관점에서는 교회가 본질적인 사명에 충실하지 않기 때문이라고 생각한다. 즉 교회가 '가서 제자 삼으라'는 주님의 마지막 명령에 순종하지 않기 때문이다.

교회는 한 영혼이라도 더 구원하기 위해 몸부림쳐야 한다. 그런데 현실은 어떠한가? 하나님께 영광을 돌린다는 명분으로 예배당 짓기 경쟁을 하고, 건물 교회 안에서 예배드리기에만 바쁜 것 같다.

이번에 안창천 목사님이 쓴 〈그들은 어떻게 전도했는가〉를 평신도가 감히 추천하는 이유가 바로 여기에 있다. 이 책은 교회가 어떻게 하면 모든 그리스도인이 주님께서 마지막 당부하신 대로 '가서 제자 삼으라'는 명령에 순종할 수 있는지에 대해 성경적, 신학적인 근거와 함께 실제로 교회에 적용하여 성공한 실례와 또 적용할 수 있는 방법을 제시하고 있기 때문이다.

특별히 본서가 나의 관심을 끈 것은 크게 세 가지 이유에서다.

첫째로, 제자훈련이 주님께서 친히 가르쳐주신 가장 효과적인 전도법이라고 주장한다는 점이다. 지금껏 전도와 제자훈련은 별개로 생각하고 있지 않았던가? 한국교회는 가장 효과적인 방법으로 전도하고 있는가?

둘째로, 주님의 지상 명령인 마태복음 28장 19-20절과 사도행전 5장 42절의 관계를 풀어 설명한 점이다. 한마디로 사도들이 날마다 성전에 있든지 집에 있든지 예수는 그리스도라고 가르치고 전하도록 훈련한 것은, '가서 제자 삼으라'는 주님의 명령에 순종하기 위해서였다는 것이다. 주님의 마지막 명령에 대해서는 수없이 들었지만, 그 명령에 어떻게 하면 순종할 수 있는지에 대해서 들어본 적은 거의 없다. 무엇을 하든지 타인보다 잘하려면 노하우가 필요하지 않은가?

셋째로, 예수님의 세 가지 사역, 즉 가르치시고, 전파하시고, 치유하신 것을 전도 중심적으로 이해하고 있다는 점이다. 먼저 다른 사람을 가르쳐야 함께 전도함으로 효과적으로 복음을 전할 수 있고, 전도할 때에 치유가 따라야 복음을 능력 있게 전할 수 있지 않겠는가?

안창천 목사님은 중앙대학교 법과대학에서 나와 학창시절을 함께 한 친구지간이다. 그는 학창시절부터 신앙과 학문에 대한 열정적인 자세가 남달랐다. 하나님께서 그에게 주신 달란트대로 교회의 본질적인 사명이 무엇이고, 이를 어떻게 구체적으로 감당해야 하는지를 초대교회의 전도법을 통하여 설득력 있게 잘 설명하고 있다.

나 같은 평신도는 물론 목회 일선에서 수고하는 목회자님과 선교사님도 초대교회처럼 예수는 그리스도라고 가르치고 전도하도록 훈련함으로 주님의 마지막 명령에 순종하기를 간절히 소원한다. 본서가 한국교회뿐 아니라 전 세계 모든 교회가 제자훈련으로 복음을 전하는 데 크게 일조하리라고 믿는다.

2019년 11월 25일
문화체육관광부 장관 박양우

PROLOGUE

평신도를 단기간에 전도자로 세우는 신개념 제자훈련
HOW DID THEY EVANGELIZE?

당신도 모든 민족을 제자 삼을 수 있다!

　최근 출간된 책들 가운데 〈좋은 질문이 좋은 인생을 만든다〉(샘터, 모기 겐치이로, 2017), 〈예수님의 모든 질문〉(규장, 스탠 거쓰리, 2018), 〈좋은 질문은 해답과 같은 힘을 지닌다〉(함께북스, 권민창, 2019) 등이 있다. 이 책들은 한결같이 좋은 질문이 얼마나 중요한지를 역설하고 있다. 특별히 세계적인 선교신학자 스탠 거쓰리(Stan Guthrie)는 〈예수님의 모든 질문〉에서 예수께서 마태복음에서 85회, 마가복음에서 64회, 누가복음에서 91회, 요한복음에서 52회, 사도행전에서 3회 등 총 295회나 질문하는 모습을 발견할 수 있었다고 말하며, 예수님의 질문을 삶에 적용하면 큰 유익이 있다고 주장한다.

본서가 세상에 빛을 보게 된 것도 평소 품고 있었던 의문에 대한 답을 얻었기 때문이다. 필자는 평소 크게 세 가지 의문을 갖고 있었다.
첫째로, 왜 그리스도인들이 '가서 제자 삼으라'는 주님의 명령에 순종하지 않을까?
둘째로, 왜 오늘날은 초대교회 성도들처럼 성령 충만한 삶을 살아가지 못할까?
셋째로, 어떻게 하면 예수님처럼 세 가지 사역, 즉 가르치고 전파하고 치유할 수 있을까?

필자는 사도행전을 읽던 중 이 세 가지 의문을 해결할 수 있는 실마리를 찾았다. 한마디로 초대교회처럼 훈련하지 않기 때문이라는 것이다.

초대교회는 어떻게 훈련했는가?

그들이 날마다 성전에 있든지 집에 있든지 예수는 그리스도라
고 가르치기와 전도하기를 그치지 아니하니라   행 5:42

사도들이 '날마다, 그치지 아니하니라'는 말은 반복했다는 뜻이고, '예수는 그리스도라고 가르치고 전도했다'는 것은 예수는 그리스도라는 한 가지 주제에 집중했다는 뜻이고, '성전과 집에서' 훈련했다는 것은 현장에서 복음을 전하기 전에 교회 안에서 시연(試演)했다는 뜻이다. 즉 사도들이 반복, 집중, 시연의 방법으로 평신도들을 훈련하자, 그들이 '가서 제자 삼으라'는 주님의 마지막 명령에 순종할 수 있었던 것이다.

초대교회는 모든 교회의 모델이므로 교회는 초대교회처럼 복음을 전해야 한다. 초대교회처럼 복음을 전한다는 것

은 제자훈련으로 복음을 전하는 것이고, '가서 제자 삼으라'는 주님의 명령에 온전히 순종하는 것이다. 모든 교회가 지상 명령에 순종함으로 주께서 약속하신 임마누엘의 복을 누리게 되기를 기원한다.

2019년 11월에
모든 열방이 주님께 돌아오는 그날을 손꼽아 기다리며

안창천

Contents

추 천 사 | 박진구(전 전주안디옥교회 담임, 현 나고야국제교회 담임)
　　　　| 박양우(문화체육관광부 장관)
PROLOGUE | 당신도 모든 민족을 제자 삼을 수 있다!

chapter 01 초대교회 전도법의 기반을 다지다

Q 01　교회는 왜 존재하는가?　　　　　　　　　　025
Q 02　교회와 하나님 나라는 어떤 관계인가?　　　　039
Q 03　초대교회에서 우선 본받아야 할 것은 무엇인가?　051

chapter 02 초대교회 전도법의 전모를 밝히다

Q 04　초대교회는 어떤 방법으로 전도했는가?　　　　065
Q 05　초대교회는 무엇을 훈련했는가?　　　　　　　079
Q 06　초대교회는 어떻게 훈련했는가?　　　　　　　088

Q 07 초대교회는 왜 성전과 집에서 훈련했는가?   110

Q 08 초대교회는 어떤 상황에서 훈련했는가?   125

Q 09 초대교회는 누구에게 먼저 복음을 전했는가?   136

chapter 03 **초대교회 전도법, 그 이후를 말하다**

Q 10 초대교회는 제자훈련으로 어떻게 변화되었는가?   153

Q 11 초대교회는 어떻게 성령 충만을 유지했는가?   160

Q 12 초대교회는 바울의 전도에 어떤 영향을 미쳤는가?   170

Q 13 왜 초대교회 전도법이 자취를 감추었는가?   182

Q 14 왜 초대교회 전도법을 복원해야 하는가?   190

EPILOGUE ǀ 초대교회처럼 전도하면 세계 복음화를 앞당길 수 있다!
부   록 ǀ 3분복음메시지 · 전도훈련용
         ǀ 온가족튼튼양육 제1과 · 가르치는 훈련용

chapter 01
초대교회 전도법의 기반을 다지다

01 교회는 왜 존재하는가?
02 교회와 하나님 나라는 어떤 관계인가?
03 초대교회에서 우선 본받아야 할 것은 무엇인가?

평신도를 단기간에 전도자로 세우는 신개념 제자훈련
HOW DID THEY EVANGELIZE?

QUESTION 01
교회는 왜 존재하는가?

세상에 존재하는 모든 것은 나름대로 이유가 있다. 즉 이유 없이 존재하는 것은 아무것도 없다. 따라서 교회가 이 세상에 존재하는 데도 그럴 만한 이유가 있다. 교회의 존재 이유를 알아야 하는 것은 그것이 교회의 본질적인 사명과 관련되어 있기 때문이다. 즉 교회의 존재 이유가 곧 교회의 사명이기 때문이다. 과연 교회의 존재 이유는 무엇인가?

교회를 바르게 이해해야 한다

교회의 존재 이유를 알기 위해서는 먼저 교회가 무엇인지를 알아야 한다. 혹자는 개인적으로 열심히 신앙생활을 하면 될 뿐, 교회에 대해 굳이 알 필요가 없다고 주장한다. 그러나 어거스틴, 칼빈, 루터 등이 교회를 '신자의 어머니'라고 표현한 것처럼, 그리스도인과 교회는 떼려야 뗄 수 없으므로 바르게 신앙생활을 하기 위해서는 교회에 대해 정확히 알아야 한다.

구약성경에는 원래 교회라는 단어가 없지만, 교회의 개념을 가진 '카할'과 '에다'가 있다. '카할'은 서로 의논하기 위해서 소집된 공동체라는 뜻으로 이스라엘 회중을 뜻하고, '에다'는 종교적인 의식을 중심으로 모인 공동체를 가리킨다. 그런데 히브리 성경을 헬라어로 번역한 70인 역은 '카할'을 '에클레시아'(교회)로 번역했고, '에다'를 '시나고게'(회당)으로 번역하였다. 그 후 기독교에서는 '교회'(에클레시아)를 하나님께서 특별히 부르셔서 모인 공동체라는 의미로 사용했고, 유대교에서는 '시나고게'를 예배를 드리기 위해서 모이는 집이라는 의미로 사용했다.

이처럼 교회(에클레시아)는 한마디로 예수 그리스도를 구주로 고백하는 신자들의 공동체라고 말할 수 있다. 그러나 교회를 이보다 정확히 이해하려면 삼위일체론적 관점에서 살펴보아야 한다.

첫째로, 교회는 하나님의 택한 백성이다. 교회는 하나님께서 창세 전에 그리스도 안에서 선택하시고 죄에서 구원하신 자들의 모임이다.

> 그러나 너희는 택하신 족속이요 왕 같은 제사장들이요 거룩한 나라요 그의 소유가 된 백성이니 이는 너희를 어두운 데서 불러 내어 그의 기이한 빛에 들어가게 하신 이의 아름다운 덕을 선포하게 하려 하심이라
>
> 벧전 2:9-10

사도 베드로는 하나님의 백성인 교회를 네 가지 표현으로 설명한다. 첫째, '택하신 족속'이다. 새 이스라엘, 곧 하나님의 구속 사업을 위해 쓰실 백성으로 하나님께서 택하신 자들이 바로 교회인 것이다. 둘째, '왕 같은 제사장'이다. 교회는 제사장

의 책임을 져야 한다. 즉 교회는 하나님과 믿지 않는 자들을 이어주는 다리 역할을 해야 한다. 셋째, '거룩한 나라'다. 교회는 세상 사람과 다른 자로 부름을 받았기 때문에 거룩한 공동체가 되어야 한다(엡 1:4). 넷째, '그의 소유가 된 백성'이다. 교회는 하나님께서 값을 치르고 사신 소유이므로 주님의 뜻대로 행하여 하나님께 영광을 돌려야 한다(고전 6:19-20).

그런데 왜 베드로는 우리를 '택하신 족속'으로, '왕 같은 제사장'으로, '거룩한 나라'로, '그의 소유가 된 백성'으로 삼았다고 말하는가? "어두운 데서 불러내어 그의 기이한 빛에 들어가게 하신 자의 아름다운 덕을 선전하도록 하게 하려 하심이라." 즉 전도하도록 하기 위해서다. 교회는 만왕의 왕이신 하나님의 통치를 받는 백성이므로 하나님의 뜻대로 복음을 전해야 한다.

둘째로, 교회는 그리스도의 몸이다. 바울이 교회가 무엇인지에 대해서 설명할 때 가장 많이 사용한 것은 그리스도의 몸이다.

> 너희는 그리스도의 몸이요 지체의 각 부분이라　　　　고전 12:27

> 또 만물을 그의 발 아래에 복종하게 하시고 그를 만물 위에 교회의 머리로 삼으셨느니라 교회는 그의 몸이니 만물 안에서 만물을 충만하게 하시는 이의 충만이니라　　　　엡 1:22-23

바울은 왜 교회를 그리스도의 몸에 비유했을까? 이는 아마도 그가 부활하신 예수님을 만났을 때 경험한 것에서 비롯되었을 것이다. 바울이 시리아 다메섹에 숨어있는 그리스도인을 예루살렘으로 잡아오기 위해서 대제사장으로부터 허락을 받아서 가던 중 예수께서 정오의 태양보다 더 밝은 빛으로 나타나셔서 다음과 같이 말씀하셨다.

사울아, 사울아, 네가 어찌하여 나를 박해하느냐? 행 9:4

이때 바울은 무엇을 깨달았을까? 교회와 예수 그리스도는 분리할 수 없다는 것이다. 즉 교회는 그리스도의 몸이라는 것이다. 교회가 그리스도의 몸이라는 것은 크게 두 가지 의미를 갖는다. 하나는 교회가 예수 그리스도와 불가분의 관계에 있기 때문에 전적으로 그리스도에게 붙어있어야 한다는 것이다. 다른 하나는 교회가 예수께서 행하셨던 일을 똑같이 해야 한다는 것이다. 즉 예수께서 공생애 동안 세 가지 사역, 즉 가르치시고 전파하시고 치유하신 것처럼, 교회는 성도들이 세 가지 사역을 하도록 훈련해야 한다는 것이다.

셋째로, 교회는 성령의 전이다. 하나님께서 모든 그리스도인의 마음에 성령으로 거하시므로 교회는 성령의 전이다.

> 너희는 너희가 하나님의 성전인 것과 하나님의 성령이 너희 안에 계
> 시는 것을 알지 못하느냐 고전 3:16, 참조 고전 6:19

성령께서는 거룩한 영이시므로 성령의 전인 교회는 무엇보다 거룩해야 한다. 그리고 성령은 전능하신 하나님의 영이시기 때문에 성령의 전인 교회는 성령의 능력으로 사역해야 하며 성령의 열매를 맺어야 한다. 또한 교회는 성령 하나님께서 거하시기 때문에 그리스도 앞에서 영광스러운 곳이 되어야 한다(엡 5:25-27).

그런데 성령께서 우리의 몸을 전으로 삼고 우리 안에 거하시는 주된 이유는 무엇인가? 이는 하나님께서 우리에게 성령을 부어주시는 이유를 살펴보면 알 수 있다.

> 내가 아버지께로부터 너희에게 보낼 보혜사 곧 아버지께로부터
> 나오시는 진리의 성령이 오실 때에 그가 나를 증언하실 것이요
> 요 15:26, 참조 요 14:26

하나님께서 성령을 부어주시는 주된 이유는 복음을 증거하도록 하기 위해서다. 따라서 성령의 전인 교회로서 가장 중요한 사명은 복음을 증거하는 것이다. 예수께서 승천하시면서 마지막으로 제자들에게 성령이 임하시면 권능을 받아 예루살렘과 온 유대와 사마리아와 땅끝까지 가서 복음의 증인이 되라고 당부하신 것도 바로 이 때문이다.

구약교회와 신약교회는 동일한가?

혹자는 구약교회와 신약교회는 본질적으로 동일하다고 주장하며 그 근거로 크게 두 가지를 제시한다. 첫째로, 신약성경이 구약시대에도 광야교회가 있었다고 말씀하고 있다는 것이다(행 7:38). 스데반은 자신을 붙잡아 공회에 세운 자들을 향하여 설교할 때 시내 산에 모인 이스라엘 백성들을 광야교회로 지칭했다. 둘째로, 구약성경에 신약교회의 모형이 있다는 것이다. 즉 홍수심판에서 건짐을 받은 노아와 그의 가족, 본토 친척 아버지의 집을 떠난 아브라함과 그의 일행 등을 신약교회의 모형으로 볼 수 있다는 것이다.

과연 이를 근거로 구약시대의 교회와 신약시대의 교회를 본질적으로 동일하다고 말할 수 있을까? 신약교회를 세우신 예수님의 말씀에서 그 답을 찾아야 한다. 예수께서 빌립보 가이사랴 지방에서 제자들에게 두 가지 질문을 하셨다. 하나는 사람들이 자신을 누구라고 하느냐는 것이고, 다른 하나는 그들은 자신을 누구라고 하느냐는 것이다.

두 번째 질문에 베드로가 "주는 그리스도시오 살아 계신 하나님의 아들이시니이다"라고 하자, 예수께서 베드로에게 "네가 복이 있도다"고 하시며 '내 교회'를 세우시겠다고 말씀하셨다(마 16:18). 과연 예수께서 세우시겠다고 말씀하신 '내 교회'는 어떤 교회인가?

이 질문은 교회사 초기부터 지금까지도 논쟁의 대상이 되어

왔는데, 카톨릭과 개신교의 견해가 전혀 다르다. 카톨릭은 교회의 본질을 외면적인 조직체로 이해하므로 지상의 교회에 소속된 보이는 조직체를 참된 교회로 본다. 반면에 개신교는 교회의 본질을 구원받은 성도들의 유기적 공동체로 이해하므로 보이지 않는 교회를 참된 교회로 본다.

그런데 예수께서 세우시겠다고 말씀하신 교회가 어떤 교회인지 알기 위해서는 그 교회가 만들어지는 과정에서 무슨 일이 일어났는지를 살펴보면 힌트를 얻을 수 있다. 여러 사건이 있었지만 가장 핵심적인 사건은 예수께서 인류의 죄를 대속하시기 위해 십자가에 못 박혀 죽으시고 부활하신 것이다. 이를 믿어 죄의 사함을 받고 구원받은 자들이 모인 곳이 교회다. 즉 유대인과 이방인이 예수 그리스도의 십자가와 부활을 통하여 그리스도와 한 몸 된 것이 교회다.

그래서 바울은 교회와 그리스도의 관계를 비밀이라고 말한 것이다.

> 우리는 그 몸의 지체임이라 그러므로 사람이 부모를 떠나 그의 아내와 합하여 그 둘이 한 육체가 될지니 이 비밀이 크도다 나는 그리스도와 교회에 대하여 말하노라   엡 5:30-32

이처럼 예수께서 세우시겠다고 말씀하신 신약교회는 예수 그리스도의 십자가와 부활을 통하여 예수 그리스도와 한 몸이 되었기 때문에 그렇지 않은 구약교회와는 근본적으로 다르다. 만일 구약교회와 신약교회가 근본적으로 동일하다면 예수께서 굳이 '내 교회'를 세우시겠다고 말씀하셨겠는가?

그러면 신약교회의 시작을 언제로 보아야 할까? 이에 대해서는 크게 두 가지 그룹, 즉 타락한 이후로 주장하는 개혁주의자들과 오순절 성령강림 이후로 주장하는 세대주의자들이 있다. 그러나 필자는 이런 견해 모두에 동의하지 않는다. 먼저 개혁주의자들의 견해에 동의하지 않는 것은 이미 살펴본 바와 같이 구약교회는 신약교회와 본질적으로 다르기 때문이다. 또 세대주의자들의 견해에 동의하지 않는 것은 예수께서 성령이 임하시면 권능을 받아 복음의 증인이 되리라고 말씀하신 대상이 교회였기 때문이다.

따라서 신약교회는 예수께서 십자가에 못 박혀 죽으시고 부활하신 것과 영광 중에 다시 오실 것을 믿고 하나님 나라의 완성을 기다리는 자들의 모임에서 시작된 것이다. 좀 더 구체적으로 말하면 오순절에 성령께서 강림하시기 전, 마가의 다락방에 모여서 간절히 기도하던 공동체가 바로 신약교회의 첫 시작인 것이다.

교회의 존재 목적은 무엇인가?

교회는 왜 존재하는가? 혹자는 하나님께서 처음에는 교회를 세우실 뜻이 없었는데 나중에 생각이 바뀌어서 세우셨다고 주장한다. 그러나 교회는 처음부터 하나님께서 계획하시고 실행하심으로 탄생했다. 이처럼 교회가 탄생한 것은 사람의 계획이 아니라 하나님의 뜻에서 비롯되었기에 교회의 존재 목적을 알려면 하나님의 입장에서 생각해야 한다.

하나님의 최고의 관심은 잃은 영혼을 구원하는 것이다. 그래서 하나님께서 예수님을 이 땅에 보내셔서 우리의 죄를 대신하여 십자가에 못 박혀 죽게 하시고 삼 일 만에 다시 살리신 것이다. 그러나 복음을 믿지 않으면 아무도 죄 사함을 받고 구원받을 수 없기에 이를 알리기 위해서 이 땅에 교회를 세우신 것이다. 이처럼 교회는 전도와 불가분의 관계에 있기에 전도를 지향하지 않으면 진정한 교회가 아니다.

예수께서도 전도를 얼마나 중요하게 생각하셨는지는 자신의 메시아적 사명과 관련하여 말씀하신 것을 통하여 알 수 있다.

> 주의 성령이 내게 임하셨으니 이는 가난한 자에게 복음을 전하게 하시려고 내게 기름을 부으시고 나를 보내사 포로 된 자에게 자유를, 눈 먼 자에게 다시 보게 함을 전파하며 눌린 자를 자유롭게 하고 주의 은혜의 해를 전파하게 하려 하심이라 하였더라 눅 4:18-19

예수께서 주의 성령이 자신에게 임하신 것을 자신이 복음을 전하게 하시려고 기름을 부으신 것이라고 하셨는데, 이는 예수께서 이 세상에 오신 목적을 전도로 이해하셨음을 뜻한다(요

15:26). 왜냐하면 성부 하나님과 성자 예수님과 성령 하나님은 동일하시기 때문이다. 예수께서 이토록 전도를 가장 주된 사명으로 생각하셨기에 식사할 겨를조차 없을 정도로 복음을 증거하신 것이다.

예수께서 부활하신 후 40일 동안 하나님 나라의 일을 말씀하시면서 제자들에게 "예루살렘을 떠나지 말고 내게서 들은 바 아버지께서 약속하신 것을 기다리라 요한은 물로 세례를 베풀었으나 너희는 몇 날이 못되어 성령으로 세례를 받으리라"(행 1:4-5)라고 하시고, 또한 승천하시기 전, "오직 성령이 너희에게 임하시면 너희가 권능을 받고 예루살렘과 온 유대와 사마리아와 땅끝까지 이르러 내 증인이 되리라"(행 1:8)고 말씀하시고, 승천하신 후 마가의 다락방에 모인 120여 명(첫 신약교회)에게 성령을 보내신 것은, 교회는 바로 성령의 능력으로 복음을 전해야 할 공동체라는 것을 말씀하신 것이다.

초대교회의 사도들 역시 교회의 주된 존재 목적이 전도라는 것을 정확히 알고 있었다. 초대교회가 부흥되자 매일 구제 건으로 교회 안에 문제가 발생했다. 당시 교회는 히브리파 유대인과 헬라파 유대인으로 크게 나뉘어 있었는데, 헬라파 과부들이 구제에서 빠지게 되어 히브리파 유대인들을 원망하자 사도들이 제자들을 불러 모으고 다음과 같이 말했다.

우리가 하나님의 말씀을 제쳐놓고 접대를 일삼는 것이 마땅하지 아니하니 형제들아 너희 가운데서 성령과 지혜가 충만하여 칭찬받는 사람 일곱을 택하라 우리가 이 일을 그들에게 맡기고 우리는 오로지 기도하는 일과 말씀 사역에 힘쓰리라 하니   행 6:2-4

　사도들의 지시로 예루살렘교회는 성도들 가운데 믿음과 성령이 충만한 일곱 사람 즉 스데반, 빌립, 브로고로, 니가노르, 디몬, 바메나, 니골라를 택하여 기도하고 안수하여 그 일을 맡겼다. 그런데 성경에는 그들이 구제 사역을 했다는 것에 대해 일체의 언급이 없고, 나가서 복음을 전하고 가르치고 치유했다고 말씀하고 있다.

　그러면 그들은 구제 사역을 전혀 하지 않았을까? 그들이 구제 사역을 감당하기 위하여 뽑혔는데 이를 하지 않았을 리 없다. 그들은 구제 사역을 공정히 행하여 교회 내에 들끓고 있었던 헬라파 유대인들의 원망을 잠재웠다. 이를 어떻게 알 수 있는가? 누가가 일곱 집사가 선택된 후 예루살렘교회에 더 이상 구제 문제로 인해 원망이 있었다고 언급하지 않기 때문이다.

　이렇게 그들이 구제 사역을 감당했음에도 이를 언급하지 않고 복음을 전했다고 기록한 것을 통하여 무엇을 알 수 있는가? 교회가 가장 우선적으로 해야 할 사역은 구제 사역이 아니라 복음 전도라는 것이다. 교회는 복음을 전하는 일에 집중해야 하고 총력을 기울여야 한다. 교회의 모든 조직과 시스템과 각종 행사를 전도에 맞춰야 한다.

사도 바울도 복음 전도를 교회의 본질적인 사명으로 이해했다.

> 이 복음을 위하여 그의 능력이 역사하시는 대로 내게 주신 하나님의 은혜의 선물을 따라 내가 일꾼이 되었노라 모든 성도 중에 지극히 작은 자보다 더 작은 나에게 이 은혜를 주신 것은 측량할 수 없는 그리스도의 풍성함을 이방인에게 전하게 하시고 영원부터 만물을 창조하신 하나님 속에 감추어졌던 비밀의 경륜이 어떠한 것을 드러내게 하려 하심이라 이는 이제 교회로 말미암아 하늘에 있는 통치자들과 권세들에게 하나님의 각종 지혜를 알게 하려 하심이니 곧 영원부터 우리 주 그리스도 예수 안에서 예정하신 뜻대로 하신 것이라 엡 3:7-11

바울은 하나님을 대적했던 자신을 그리스도의 풍성함을 이방인에게 전하는 자로 세워주시고, 하나님 속에 감추어졌던 비밀의 경륜을 드러내게 하셨고, 교회를 통하여 하늘에 있는 통치자들과 권세들에게 하나님의 지혜를 알게 하신다고 말한다.

여기서 '비밀'(헬, 뮈스테리온)은 구속사적인 비밀로서 하나님께서 육신의 몸을 입고 이 땅에 오셔서 인류의 죄를 대신하여 십자가에 못 박혀 죽으시고 부활하심으로 구원의 문을 활짝 열어놓으신 것을 뜻한다. 또한 '경륜'(헬, 오이코노미아)은 청지기가 집을 다스리듯이 온 우주의 주인이신 하나님께서 인류의 구원을 위해 지상의 교회를 통해 천하를 경영하신다는 것을 뜻한다.

이처럼 바울이 복음의 비밀을 이야기하면서 교회의 역할을 거론한 것은 복음 전도를 교회의 가장 본질적인 사역으로 이해했다는 것으로 볼 수 있다. 바울은 복음 전도와 교회를 불가분의 관계로 이해했고, 복음을 전하지 않는 교회는 전혀 염두에 두지 않았다.

그런데 오늘날 교회는 어떠한가? 전도보다는 예배를 중요하게 생각하여 예배 중심적인 신앙생활을 하고 있다. 물론 하나님께서 우리를 죄와 사망의 법에서 해방시켜 주셨기 때문에 예배드리는 것은 지극히 당연하다. 그러나 하나님께서는 우리가 단지 건물 안에서만 예배를 드리기를 원하시지 않는다. 한 걸음 더 나아가 삶으로 예배를 드리기를 원하신다(롬 12:1). 삶의 예배가 무엇인가? 삶 속에서 하나님의 말씀에 순종하는 것이다. 무엇보다 주님의 마지막 명령인 '가서 제자 삼으라'는 명령에 순종하는 것이다. 즉 전도가 하나님께서 가장 기뻐하시는 삶의 예배인 것이다.

교회에는 모이는 교회가 있고 흩어지는 교회가 있다. 모이는 이유는 우리를 구원하신 하나님께 예배를 드리기 위해서고, 흩어지는 이유는 복음을 전하기 위해서다. 따라서 건물 안에서만 예배를 드리는 것으로 만족하지 말고 세상에 나가 담대히 복음을 증거해야 한다. 즉 모이는 교회에서 머물지 말고 흩어지는 교회를 향해 나아가야 한다.

예수께서 승천하시면서 "오직 성령이 임하시면 너희가 권능을 받고 예루살렘과 온 유대와 사마리아와 땅끝까지 이르러 내 증인이 되리라 하시니라"(행 1:8)라고 명령하셨지만, 예루살렘교회는 이에 불순종했다. 그러자 하나님께서 어떻게 하셨는가? 큰 박해를 통하여 그들을 흩어버리셨다(행 8:1). 그제야 예루살렘교회는 유대와 사마리아 모든 땅으로 흩어져 복음을 증거했다. 예루살렘교회를 타산지석으로 삼아 박해를 당하기 전에 복음을 증거하는 일에 최선을 다해야 한다.

QUESTION 02
교회와 하나님 나라는 어떤 관계인가?

초대교회 전도법, 즉 초대교회가 어떻게 전도했는지를 논하기에 앞서 교회와 하나님 나라의 관계를 살펴보아야 한다. 왜냐하면 이를 제대로 알지 못하면 교회가 하나님 나라를 위해 무엇을 해야 하는지를 알 수 없기 때문이다. 먼저 하나님 나라에 대해서 언급하고, 다음은 교회와의 관계에 대하여 살펴본다.

하나님 나라는 신구약성경의 핵심 주제다

하나님 나라는 하나님께서 왕으로서 주권과 능력이 미치는 모든 영역을 가리킨다. 즉 하나님 나라는 하나님의 통치가 임하고 그 통치가 체험되는 곳이다. 하나님 나라는 예수님만 가르치신 것이 아니라 신구약성경이 모두 가르치고 있는 핵심 주제다.

첫째로, 구약성경은 하나님 나라를 증거한다. 하나님의 주권과 통치는 하나님 나라의 중심 사상이다. 구약성경은 하나님께서 눈에 보이는 물질세계뿐 아니라, 눈에 보이지 않는 세계를 만드신 창조주이시고, 이스라엘 백성뿐 아니라 이방 민족을 통치하시는 만왕의 왕이심을 증거한다.

하나님께서 수많은 나라 중에서 이스라엘을 선택하셔서 신정 국가로 세우셨고 이를 통해서 하나님의 뜻을 열방에 드러내려 하셨지만, 이스라엘 백성들이 이를 끝내 거절하였기 때문에 하나님께서 심판하심으로 북이스라엘은 앗수르에게 멸망을 당했고, 마침내 남유다는 바벨론 포로로 잡혀가게 되었다.

그제야 그들이 하나님의 말씀에 순종하지 않아 심판을 받은 것을 깨닫고 회개하자, 하나님께서 선지자를 통하여 다윗의 자손인 '여호와의 종'을 보내주실 것을 말씀하셨다(사 9:6-7, 11:1-10). 그리고 주의 날이 이르면 메시아를 보내셔서 죄로 인해서 깨어졌던 관계를 회복시키실 것을 약속하셨다. 하나님께서 이렇게 말씀하신 것은 그분의 뜻대로 이 세상을 다스리시고 통치하신다는 것을 의미한다. 즉 하나님께서 메시아를 통하여 이 세상에 하나님 나라를 건설하시겠다는 것을 뜻한다.

둘째로, 예수님의 가르침의 핵심 주제는 하나님 나라다. 예수께서 복음서에서 '하나님 나라'(천국)라는 단어를 100번 이상 사용하셨다. 예수께서 공생애에서 처음으로 하셨던 설교의 주제도 '하나님 나라'다.

> 때가 찼고 하나님의 나라가 가까이 왔으니 회개하고 복음을 믿으라 하시더라
> 막 1:15, 참조 마 4:17

예수님의 가르침은 하나님 나라와 불가분의 관계에 있다. 물

과 성령으로 거듭나지 아니하면 하나님 나라에 들어갈 수 없다고 하셨고(요 3:3-5), 어떤 자가 하나님의 나라를 소유할 수 있는지를 말씀하셨고(눅 6:20), 비유로 하나님 나라를 설명하셨고(마 13:3-53), 하나님 나라에서 어떤 자가 큰 자인지를 말씀하셨고(눅 7:28), 어떤 자가 하나님 나라에 합당한지를 말씀하셨고(막 10:14-15), 부자와 하나님 나라와의 관계를 말씀하셨고(막 10:23-25), 병든 자를 고치시면서 하나님 나라를 말씀하셨고(눅 9:2), 제자들에게 하나님 나라를 전파하라고 명령하셨고(눅 9:60), 복음을 전파하시면서 하나님 나라의 임박한 도래를 말씀하셨고(눅 10:11), 귀신을 쫓아내시면서 하나님 나라의 도래를 말씀하셨고(눅 11:20), 예수께서 말씀하신 종말의 징조가 나타나면 하나님 나라가 가까운 줄 알라고 말씀하셨고(눅 21:31), 부활하신 후 승천하시기 전에도 하나님 나라에 대해 말씀하셨다(행 1:3).

그런데 예수께서는 하나님 나라를 어떻게 이해하셨는가? 하나님 나라가 이미 이 세상에 임했을 뿐 아니라 아직 완전히 임하지 않았다고 가르치셨다(마 13:36-43; 눅 13:28-29). 즉 예수께서는 하나님 나라를 현재적일 뿐 아니라 미래적으로 이해하셨다. 신학자들은 이를 하나님 나라의 '종말론적 이중구조'라고 부른다.

예수께서 하나님 나라를 이중적 구조로 이해하신 것을 통하여 무엇을 깨달아야 하는가? 그리스도인들은 이미 하나님 나라에 들어간 것으로 만족하지 말고 이 땅에서 하나님의 통치를 받을 뿐 아니라 장차 완성되어질 하나님의 나라를 소망해야 한다는 것이다. 이러한 하나님 나라의 이중적 구조는 D-day와 V-day로 설명할 수 있다.

제2차 세계 대전은 연합군과 독일의 전쟁이었다. 독일의 롬멜 장군이 베를린으로 간 사이 아이젠하워 장군은 1944년 6월 6일 연합군을 이끌고 노르망디 상륙작전을 감행했는데, 이날을 D-day라고 부른다. 이 D-day의 상륙작전으로 인해 사실상 전쟁은 연합군의 승리로 굳어졌다. 그러나 곧바로 전쟁에서 승리를 거둔 것은 아니었다. 연합군이 프랑스에 상륙한 후에도 독일군이 최후까지 저항했기 때문에 전투는 그치지 않았다. 그러나 결국 연합군은 독일을 이기고 제2차 세계 대전에서 승리를 거두었는데 이렇게 최종적으로 승리한 날을 V-day라고 한다.

우리는 D-day와 V-day 사이에 살아가고 있다. 예수께서 십자가에 못 박혀 죽으시고 부활하심으로 결정적으로 승리하셨고, 다시 오셔서 마귀와의 싸움을 끝내시고 마침내 영원한 승리로 이끄실 것이다. 그날이 언제인지 모르지만 언젠가 반드시 도래하기에 그날을 사모하고 이 세상에서 주님의 통치를 받는 삶을 살아가야 한다.

셋째로, 초대교회도 하나님 나라의 복음을 전파하였다. 사도들이 예수님의 가르치심을 본받아 하나님 나라를 전했을 뿐 아니라, 복음 전도로 세워진 교회들 역시 하나님 나라를 전했다.

> 제자들의 마음을 굳게 하여 이 믿음에 머물러 있으라 권하고 또 우리가 하나님의 나라에 들어가려면 많은 환난을 겪어야 할 것이라 하고
> 행 14:22

> 바울이 회당에 들어가 석 달 동안 담대히 하나님 나라에 관하여 강론하며 권면하되 어떤 사람들은 마음이 굳어 순종하지 않고 무리 앞에서 이 도를 비방하거늘 바울이 그들을 떠나 제자들을 따로 세우고 두란노 서원에서 날마다 강론하니라
> 행 19:8-9

> 보라 내가 여러분 중에 왕래하며 하나님의 나라를 전파하였으나 이제는 여러분이 다 내 얼굴을 다시 보지 못할 줄 아노라
> 행 20:25

> 그들이 날짜를 정하고 그가 유숙하는 집에 많이 오니 바울이 아침부터 저녁까지 강론하여 하나님의 나라를 증언하고 모세의 율법과 선지자의 말을 가지고 예수에 대하여 권하더라
> 행 28:23

> 바울이 온 이태를 자기 셋집에 머물면서 자기에게 오는 사람을 다 영접하고 하나님의 나라를 전파하며 주 예수 그리스도에 관한 모든 것을 담대하게 거침없이 가르치더라
> 행 28:30-31

빌립이 하나님의 나라와 및 예수 그리스도의 이름에 관하여 전도함을 그들이 믿고 남녀가 다 세례를 받으니
행 8:12

하나님의 나라는 먹는 것과 마시는 것이 아니요 오직 성령 안에 있는 의와 평강과 희락이라
롬 14:17

불의한 자가 하나님의 나라를 유업으로 받지 못할 줄을 알지 못하느냐 미혹을 받지 말라 음행하는 자나 우상 숭배하는 자나 간음하는 자나 탐색하는 자나 남색하는 자나 도적이나 탐욕을 부리는 자나 술 취하는 자나 모욕하는 자나 속여 빼앗는 자들은 하나님의 나라를 유업으로 받지 못하리라
고전 6:9-10

육체의 일은 분명하니 곧 음행과 더러운 것과 호색과 우상 숭배와 주술과 원수 맺는 것과 분쟁과 시기와 분냄과 당 짓는 것과 분열함과 이단과 투기와 술 취함과 방탕함과 또 그와 같은 것들이라 전에 너희에게 경계한 것 같이 경계하노니 이런 일을 하는 자들은 하나님의 나라를 유업으로 받지 못할 것이요
갈 5:19-21

너희도 정녕 이것을 알거니와 음행하는 자나 더러운 자나 탐하는 자 곧 우상 숭배자는 다 그리스도와 하나님의 나라에서 기업을 얻지 못하리니
엡 5:5

초대교회는 예수께서 말씀하신 대로 예수 그리스도의 죽음과 부활을 통하여 실제로 하나님의 나라가 임한 것을 깨닫고, 이 세상에서 하나님 나라의 왕이신 예수 그리스도의 통치를 받으며, 장차 들어갈 하나님 나라에 대한 소망을 갖고 살았다.

하나님 나라와 교회는 불가분의 관계다

하나님 나라와 교회의 관계는 예수께서 베드로의 고백을 들으시고 말씀하신 것을 통해서 엿볼 수 있다.

> 또 내가 네게 이르노니 너는 베드로라 내가 이 반석 위에 내 교회를 세우리니 음부의 권세가 이기지 못하리라 내가 천국 열쇠를 네게 주리니 네가 땅에서 무엇이든지 매면 하늘에서도 매일 것이요 네가 땅에서 무엇이든지 풀면 하늘에서도 풀리리라 하시고　마 16:18-19

위 말씀에서 알 수 있듯이 예수께서 교회를 세우시겠다고 약속하신 후 하나님 나라의 열쇠를 주시겠다고 약속하셨다. 따라서 하나님 나라와 교회는 불가분의 관계에 있음을 알 수 있다. 구체적으로 이 둘은 어떤 관계에 있을까? 조지 래드(G.E.Ladd)를 비롯한 여러 신약 신학자들은 하나님의 나라와 교회의 관계를 다음과 같이 설명한다.

첫째로, 교회는 하나님 나라이다. 교회를 하나님 나라와 동일시 하는 근거는 무엇인가? 교회는 그리스도의 몸과 지체인 동시에 하나님 나라의 백성이기도 하기 때문이다. 따라서 교회의 회원이 되는 것은 곧 하나님 나라의 백성이 되는 것이고, 교회를 위해서 일하는 것은 곧 하나님 나라를 위해서 일하는 것이다(골 4:11).

그런데 교회를 하나님 나라와 동일시하는 또 다른 이유가 있다. 무엇보다 교회의 회원과 하나님 나라의 백성이 되는 조건이 동일하기 때문이다. 교회는 예수께서 자신의 죄를 대신하여 십자가에 못 박혀 죽으시고 부활하신 사실을 믿는 자가 모인 공동체이고 하나님 나라의 백성이 되는 것 역시 복음을 믿고 거듭나야 한다.

또한 교회와 하나님 나라의 최고 통치자가 같기 때문이다. 즉 하나님 나라의 왕도 예수 그리스도이시고 교회를 다스리시는 분도 예수 그리스도이시기 때문이다. 그리스도는 만왕의 왕이시고 만주의 주이시다(엡 1:20-22).

또한 교회와 하나님 나라가 추구하는 이념과 목적이 동일하기 때문이다. 하나님 나라가 의와 사랑을 통치원리로 삼고 이를 이루려고 하듯이, 교회 역시 동일한 것을 통치원리로 삼고 이를 이루려고 하기 때문이다.

둘째로, 교회는 아직 하나님 나라가 아니다. 조지 래드는 그의 저서 〈신약신학〉에서 하나님 나라와 교회의 관계를 다음과 같이 주장한다. "신약은 신자들과 하나님의 나라를 동일시하지 않았고, 최초의 선교사들은 교회를 전파하지 않고 하나님의 나라를 전파했으며(행 8:12; 19:8; 20:25; 28:23, 31), 복음서에 예수님의 제자들을 하나님의 나라와 동일시한 구절들이 없기 때문에 교회는 하나님의 나라가 아니다." 교회가 하나님 나라로 가는 도상에 있을 뿐 아니라 하나님의 통치에 온전히 순종하지 못하고 있고, 교회 안에 알곡과 가라지가 함께 있기 때문에 교회와 하나님 나라는 동일하다고 할 수 없다.

셋째로, 교회는 하나님 나라를 증거한다. 교회는 그리스도께서 재림하실 때까지 하나님 나라를 이 땅에서 구현하는 사명을 받았기 때문에 당연히 하나님 나라를 증거해야 한다. 왈터 라우센부쉬(Walter Rauschenbusch)가 "교회는 하나님 나라의 성취를 위해 이 땅에 세운 하나님의 전령자이다"라고 했듯이, 교회는 하나님 나라를 전파하고 건설해야 한다. 예수께서 교회에 천국의 열쇠를 주신 것은 하나님 나라를 증거해야 함을 강조하신 것이다.

그러나 단지 말로만 하나님 나라를 전파해서는 안 된다. 예수 그리스도께서는 하나님 나라에 대해 가르치시고 그의 삶과 십자가 수난을 통해 복음을 드러내셨듯이, 말과 행동과 삶으로 하나님 나라를 전파해야 한다.

넷째로, 교회는 하나님 나라의 관리자이다. 교회는 하나님 나라를 이 땅 위에 드러내는 수단이다. 그러므로 하나님 나라는 진정한 교회의 모습을 드러내는 것에 비례한다. 즉 교회가 어떻게 하느냐에 따라 하나님 나라의 확장에 영향을 미친다. 교회가 사명을 제대로 감당하면 하나님 나라가 확장되고 그렇지 않으면 확장되지 않는다.

하나님 나라는 교회를 통하여 완성된다

예수께서는 부활하시고 승천하시기 전, 세상에서 40일 동안 계시면서 하나님 나라의 일을 말씀하셨다.

> 그가 택하신 사도들에게 성령으로 명하시고 승천하신 날까지의 일을 기록하였노라 그가 고난 받으신 후에 또한 그들에게 확실한 많은 증거로 친히 살아 계심을 나타내사 사십 일 동안 그들에게 보이시며 하나님 나라의 일을 말씀하시니라
> 행 1:2-3

그런데 예수께서 사도들에게 하나님 나라의 일을 말씀하시면서 무엇을 약속하셨는가?

> 사도와 함께 모이사 그들에게 분부하여 이르시되 예루살렘을 떠나지 말고 내게서 들은 바 아버지께서 약속하신 것을 기다리라 요한은 물로 세례를 베풀었으나 너희는 몇 날이 못되어 성령으로 세례를 받으

리라 하셨느니라　　　　　　　　　　　　　　　　행 1:4-5

　한마디로 그들이 예루살렘을 떠나지 않고 예수님을 통해서 말씀하신 하나님 아버지의 약속을 기다리면 조만간 성령의 세례를 받게 된다는 것이다. 이처럼 예수께서 하나님의 나라를 말씀하시고 성령의 세례를 받으라고 말씀하신 것을 통하여 무엇을 알 수 있는가? 성령의 충만과 교회의 사역과 하나님 나라의 건설은 불가분의 관계에 있다는 것이다. 즉 교회가 성령의 충만을 받지 않으면 하나님의 나라를 건설할 수 없다는 것이다.

　그러면 교회는 성령의 충만을 받고 어떻게 해야 하나님 나라를 건설할 수 있는가? 바로 온 천하에 다니며 만민에게 복음을 전하는 것이다. 왜냐하면 하나님 나라의 구성원이 되려면 죄 사함을 받아야 하는데, 그렇게 하기 위해서는 예수께서 자신의 죄를 대신하여 십자가에 못 박혀 죽으시고 부활하신 사실, 즉 복음을 믿어야 하기 때문이다. 그런데 복음을 전하는 자가 없으면 믿을 수도 없기 때문에 하나님 나라의 건설에 있어서 복음 전도는 필수적이다.

　그래서 예수께서 마지막으로 승천하시면서 부활 신앙 공동체인 교회에 다음과 같이 명령하신 것이다.

　　오직 성령이 너희에게 임하시면 너희가 권능을 받고 예루살렘과 온 유
　　대와 사마리아와 땅끝까지 이르러 내 증인이 되리라 하시니라　행 1:8

성령의 능력으로 복음을 증거하지 않으면 하나님 나라는 이루어질 수 없다. 성령으로 복음을 전할 때 상대방이 복음을 믿고 거듭나게 되고 하나님 나라의 백성이 되는 것이다. 사도행전은 교회를 통해서 복음이 전파되어 하나님 나라가 확장되었음을 보여준다. 즉 첫 장은 예수께서 하나님 나라의 일을 말씀하셨고(행 1:3), 마지막 장은 바울이 하나님 나라를 전파하였다고(행 28:31) 증거한다.

교회는 만왕의 왕이신 예수 그리스도를 따르는 공동체다. 예수께서 하나님 나라를 선포하시고 이를 확장하시기 위해 성령으로 복음을 전파하셨듯이, 교회도 성령의 능력으로 복음을 전하여 하나님의 나라를 확장해야 한다.

QUESTION 03
초대교회에서 우선 본받아야 할 것은 무엇인가?

교회가 세상에서 빛과 소금의 역할을 감당하지 못하고 점점 타락해가고 있는 현실을 보면서 사람들은 이구동성으로 "초대교회로 돌아가야 한다"고 외친다. 초대교회로 돌아간다는 것은 한마디로 초대교회를 본받는다는 뜻이다. 왜 초대교회를 본받아야 하는가? 초대교회는 교회의 모델이기 때문이다. 초대교회를 본받지 않으면 교회다운 교회가 될 수 없다. 그런데 초대교회를 모두 본받아야 하지만 먼저 본받아야 할 것이 있고 나중에 본받아야 할 것이 있다. 우선 초대교회에서 본받아야 할 것은 무엇인가?

초대교회는 어느 시기의 교회인가?

과연 어느 시기의 교회를 초대교회라고 칭해야 하는가? 초대교회의 시대 구분은 매우 다양하다.

혹자는 예수님 사후 예루살렘에서 최초의 교회가 설립된 때로부터 1세기 말까지의 기독교를 초대교회라고 주장한다.

혹자는 A.D. 30년경부터 4세기 초 그리스도교가 로마에서 공인되기까지의 기간에 형성되었던 그리스도교에 대한 총체적 명칭을 초대교회라고 주장한다.

혹자는 예수 승천 이후부터 A.D. 130년 2차 유대 전쟁 이후 유대교로부터 분리된 초기 기독교를 가리킨다고 주장한다.

혹자는 원시 기독교 시대인 A.D. 33-150년 무렵에 성립된 교회를 통틀어 이른다고 주장한다.

혹자는 A.D. 30년경부터 콘스탄티누스 1세가 A.D. 325년, 니케아 공의회를 통하여 삼위일체론의 교리를 확정하기 전까지 존재한 교회를 초대교회라고 주장한다.

혹자는 A.D. 30년경부터 테오도시우스 1세가 A.D. 381년, 기독교를 로마 제국의 국교로 공인하기 전까지 존재한 교회를 초대교회라고 주장한다.

혹자는 A.D. 30년경부터 최후의 교부인 그레고리가 A.D. 590년, 최초로 교황이 되기까지 존재한 교회를 초대교회라고 주장한다.

그러나 필자는 성경을 기록한 시대에 존재했던 교회, 즉 말씀의 계시가 종결되기 전까지의 교회를 초대교회로 지칭한다(A.D. 30~100년). 다른 말로 예수님의 직제자인 열두 사도들이 활동하던 시대에 존재했던 교회를 초대교회로 부른다. 그런데 성경은 곳곳에서 바울을 사도라고 말씀하고 있기에 예수께서 친히 세우신 열두 제자만을 사도라고 부르는 것은 삼가야 한다.

왜 필자는 초대교회를 A.D. 30-100년에 존재했던 교회로 한정하는가? 이는 그 시기의 교회가 예수님의 신앙과 삶과 사역을 가장 잘 보여주기 때문이다. 즉 예수님과 함께 3년간 삶을 공유했던 사도들보다 주님의 뜻에 맞게 교회를 이끌어 갈 자가 없기 때문이다.

이런 사실은 '말 전달하기 게임'을 통해 확인할 수 있다. 이 게임을 해보면 맨 처음에 한 말과 맨 마지막으로 전달받은 말이 전혀 다른 것을 알 수 있다. 왜 이런 현상이 빚어질까? 자신이 들은 것을 상대방에게 전달하는 과정에서 자기의 생각을 집어넣기 때문이다. 교회도 마찬가지다. 시간과 공간적으로 예수님에게서 멀어질수록 다른 것들이 섞여져서 예수께서 의도하신 것과 다른 교회가 만들어지는 것이다.

초대교회는 완전한 교회인가?

초대교회는 예수님과 함께 3년간 같이 생활했던 사도들이 운영했기 때문에 이보다 주님의 뜻에 맞는 교회는 존재하지 않는다. 그런데 여기서 간과하지 말아야 할 것이 있다. 초대교회가 역사상 가장 주님의 뜻에 합당한 교회임에는 틀림이 없지만 완전한 교회는 아니라는 점이다. 초대교회 역시 이 땅의 교회들처럼 많은 문제를 안고 있었다.

예를 들어, 예루살렘교회의 아나니아와 삽비라 부부는 성령을 속이고 헌금을 일부만 드리면서 마치 전 재산을 드린 것같이 거짓말하다가 부부가 비참하게 죽는 일이 발생했다. 또 교회 안에서 헬라파 유대인과 히브리파 유대인 사이에 구제 문제로 원망이 있었다.

안디옥교회는 이방 지역에 처음으로 세워졌지만 큰 흉년이 들었을 때 예루살렘교회를 도왔고, 비웃음과 조롱의 의미로 그리스도인이라고 불릴 정도로 열심히 예수 그리스도를 증거하였다. 그런데 그런 교회에서 어떤 일이 벌어졌는가? 바울과 바나바가 2차 전도 여행을 떠나기 전 마가 요한과 함께하느냐 마느냐의 문제로 심히 다투는 일이 발생했다(행 15:35-39).

로마교회는 유대계 그리스도인들이 복음을 받아들인 후에도 여전히 율법주의적인 사고에 빠져 있었고, 로마교회를 차지하는 대다수의 이방인 그리스도인들과 갈등을 일으키고 있었다(롬 14:1-6). 바울이 로마서에서 유대인이나 이방인이나 하나님 앞에서 모두 동등하며, 구원은 오직 믿음으로 말미암아 얻는다고 신학적인 답변을 한 것은 바로 이런 갈등을 염두에 두었기 때문이다.

고린도교회는 성경에 등장하는 교회 중에 가장 많은 문제를 안고 있었다. 무엇보다 내부적으로 분쟁과 다툼으로 분열되어 있었고(고전 1:10-2:16), 아들이 아버지의 첩을 유린하는 근친상간이 있었고(고전 5:1-13), 세상의 도덕 기준에도 미달하는 부도덕한 삶, 즉 간음, 탐색, 남색, 도적, 탐욕, 토색 등을 행하는 자들이 있었고(고전 6:9-20), 성경이 원칙적으로 이혼을 금하고 있지만, 이혼을 대수롭지 않게 생각하는 자들이 있었고(고전 7:1-40), 영적인 은사를 잘못 사용해서 공적 예배에 물의를 일으키는 자들이 있었고(고전 11:2-14:40), 헬라 지성주의의 영향으로 부활 교리를 잘못 가르치는 교사들이 있었다(고전 15:1-58).

갈라디아교회에는 복음을 믿으면 율법에서 자유하게 된다는 말을 곡해하여 육체의 소욕을 따르는 것을 전혀 문제시하지 않는 자들이 있었고(갈 3:3), 유대 그리스도인 중에는 율법적 요구가 가미된 거짓 복음을 받아들이는 자들이 있었다(갈 3:5-22).

에베소교회에는 그릇된 교리를 가르치는 거짓 교사들이 있었고, 이방인 그리스도인과 유대인 그리스도인 사이에 다소 갈등이 있었다(엡 2:14).

빌립보교회에는 그리스도의 십자가의 원수로 살아가는 자들이 있었고(빌 3:18), 주 안에서 같은 마음을 품지 않는 자들이 있었다(빌 4:2).

골로새교회는 유대교의 율법주의와 헬라의 철학사상, 금욕주의 같은 잘못된 교훈에 빠졌고, 이로 인하여 교회가 분열의 위기에 처하기도 했다.

데살로니가교회는 재림에 대한 인식 부족과 종말에 대한 확신을 갖지 못해 신앙적으로 흔들리고 있었다.

요한계시록의 아시아 일곱 교회 중 서머나와 빌라델비아교회를 제외한 다섯 교회, 즉 에베소교회, 버가모교회, 두아디라교회, 사데교회, 라오디게아교회는 책망을 들을 정도로 많은 문제를 안고 있었다.

바울은 교회를 다음과 같이 표현하고 있다.

> 그의 안에서 건물마다 서로 연결하여 주 안에서 성전이 되어 가고 너희도 성령 안에서 하나님이 거하실 처소가 되기 위하여 그리스도 예수 안에서 함께 지어져 가느니라
> 엡 2:21-22

무슨 말인가? 교회는 완성된 것이 아니라 그리스도 예수 안에서 함께 지어져 가는 중이라는 것이다. 이처럼 교회가 미완성이라는 것은 완전하지 않다는 뜻이다. 이 땅에 존재하는 모든 교회는 완전할 수 없다. 죄인 출신들이 모인 공동체에 어찌 문제가 없겠는가?

초대교회에서 우선 본받아야 할 것은 무엇인가?

앞에서 살펴보았듯이 초대교회는 이상적이고 완전하지도 않고 여러 가지 문제를 내포하고 있다. 그러함에도 불구하고 초대교회에는 우리가 본받아야 할 것이 많다.

혹자는 초대교회에서 무소유공동체를 본받아야 한다고 주장한다.

> 믿는 사람이 다 함께 있어 모든 물건을 서로 통용하고 또 재산과 소유를 팔아 각 사람의 필요를 따라 나눠 주며
> 행 2:44-45

> 믿는 무리가 한마음과 한 뜻이 되어 모든 물건을 서로 통용하고 자기 재물을 조금이라도 자기 것이라 하는 이가 하나도 없더라 사도들이

> 큰 권능으로 주 예수의 부활을 증언하니 무리가 큰 은혜를 받아 그 중에 가난한 사람이 없으니 이는 밭과 집 있는 자는 팔아 그 판 것의 값을 가져다가 사도들의 발 앞에 두매 그들이 각 사람의 필요를 따라 나누어 줌이라
>
> 행 4:32-35

초대교회의 특징 중의 하나는 무소유공동체였다는 것이다. 사실 인류 역사상 이렇게 아름다운 공동체는 없었다. 세상에서는 일반적으로 하나라도 더 가지려고 욕심부리고 다투는데, 초대교회는 서로 물건을 통용하고 자기 재물을 조금이라도 자기 것이라고 하는 자가 하나도 없었다. 우리는 당연히 초대교회의 이런 모습을 본받아야 한다.

그런데 초대교회를 본받는 것과 관련해서 한 가지 질문을 던져야 한다. 그것은 '하나님께서 우리가 초대교회에서 가장 우선적으로 본받기를 원하시는 것은 무엇인가'라는 것이다. 왜냐하면 주님께서 가장 원하는 것을 본받지 않으면 초대교회를 제대로 본받는 것이 아니기 때문이다.

이 질문에 답을 얻으려면 누가가 왜 사도행전을 기록했는지를 알아내면 된다. 일반적으로 성경학자들은 사도행전의 저술 이유를 크게 두 가지로 주장한다. 하나는 이방 세계에 기독교를 변호하기 위해서 기록했다는 것이다. 당시 기독교는 유대교의 한 분파로 간주되었기 때문에 로마 제국에서 공식 종교로 인정되었는데 복음이 이방 세계에 전파되면서 교회 안에 율법을 준

수하지 않는 이방인들이 점점 많아지게 되자 유대교가 기독교를 정통성을 벗어난 종교로 간주하였다. 이러한 상황에서 기독교는 구약에 뿌리를 두었고, 유대교의 전통을 이어받은 정통성이 있는 종교로서 로마의 법과 질서에 위협을 주는 불법적인 단체가 아니라는 것을 변증하기 위해 사도행전을 기록했다는 것이다.

다른 하나는 사도행전 공동체에 있는 내적인 갈등에 대한 변증이나 해결점을 모색하기 위해서라는 것이다. 즉 초대 기독교 공동체 안에 있었던 베드로와 바울의 대립, 영지주의와의 갈등, 유대교와의 관계를 해결하기 위해서라는 것이다.

물론 이런 이유로 사도행전을 기록했다고 주장할 수 있다. 그런데 사도행전이 누가복음에 이은 책이기 때문에 누가복음의 말미와 사도행전의 서두를 보면 본서를 기록한 이유를 알 수 있다.

누가복음의 말미는 다음과 같이 기록하고 있다.

> 또 그의 이름으로 죄 사함을 받게 하는 회개가 예루살렘에서 시작하여 모든 족속에게 전파될 것이 기록되었으니 너희는 이 모든 일의 증인이라 볼지어다 내가 내 아버지께서 약속하신 것을 너희에게 보내리니 너희는 위로부터 능력으로 입혀질 때까지 이 성에 머물라 하시니라
>
> 눅 24:47-49

사도행전의 서두는 다음과 같이 기록하고 있다.

> 사도와 함께 모이사 그들에게 분부하여 이르시되 예루살렘을 떠나지 말고 내게서 들은 바 아버지께서 약속하신 것을 기다리라 요한은 물로 세례를 베풀었으나 너희는 몇 날이 못되어 성령으로 세례를 받으리라 하셨느니라 그들이 모였을 때에 예수께 여쭈어 이르되 주께서 이스라엘 나라를 회복하심이 이때니이까 하니 이르시되 때와 시기는 아버지께서 자기의 권한에 두셨으니 너희가 알 바 아니요 오직 성령이 너희에게 임하시면 너희가 권능을 받고 예루살렘과 온 유대와 사마리아와 땅 끝까지 이르러 내 증인이 되리라 하시니라   행 1:4-8

누가복음의 말미와 사도행전의 서두에서 공통적으로 다루고 있는 것은 성령의 권능을 받아 복음을 증거하라는 것이다. 즉 사도행전을 기록한 이유는 초대교회가 성령의 충만을 받고서 예루살렘에서부터 땅끝까지 복음을 어떻게 전파해나갔는지를 소개하려는 데 있다. 초대교회는 무엇보다 복음 전도에 초점을 맞추고 있었다. 따라서 초대교회에서 우선적으로 본받아야 할 것은 복음 전도다.

이런 사실은 다음의 두 가지 사실을 통해 확인할 수 있다.

첫째로, 하나님께서 무소유공동체를 흩어버리셨기 때문이다. 만일 주님께서 교회를 세우신 주된 목적이 무소유공동체를 본받도록 하시는 데 있었다면 그토록 아름다운 공동체를 끝까지

보존하셨을 것이다. 그런데 주님께서 박해를 통하여 예루살렘교회를 흩으신 것을 보면 교회의 존재 목적이 무소유공동체를 이루는 데 있지 않았다는 것을 알 수 있다.

둘째로, 하나님께서 큰 박해로 예루살렘교회를 흩어버리셨을 때 흩어진 자들이 두루 다니며 복음의 말씀을 전했기 때문이다(행 8:4). 그들은 뿔뿔이 흩어진 상황에서 각자 살아갈 궁리를 하지 않고 먼저 복음을 전했다. 이것은 무엇을 뜻하는가? 그들이 교회의 존재 이유가 복음 전도라는 것을 알았다는 것이다.

이처럼 초대교회가 가장 관심을 쏟은 것은 복음 전도다. 따라서 초대교회에서 우선 본받아야 할 것은 복음 전도다. 초대교회의 전도법을 찾아내어 그 방법대로 복음을 전해야 한다. 초대교회 전도법으로 복음을 전하면 지구촌 곳곳마다 구원받는 자들이 더해질 것이고 계속되는 사도행전의 새로운 역사를 경험하게 된다.

하나님의 꿈은 교회의 전도로 이루어진다

사람마다 꿈을 갖고 있듯이 하나님도 인격체이시므로 꿈을 갖고 계시다. 하나님의 꿈은 무엇일까?

> 하나님은 모든 사람이 구원을 받으며 진리를 아는 데에 이르기를 원하시느니라
>
> 딤전 2:4

한마디로 하나님의 꿈은 모든 사람이 구원을 받는 것이다. 하나님의 입장에서 잃어버린 자녀를 되찾아오는 것보다 더 시급하고 중요한 일은 없다. 어떻게 하면 모든 사람이 구원을 받게 할 수 있는가? 교회가 복음을 전해야 한다. 복음을 전하지 않으면 이를 들을 수 없고, 복음을 듣지 못하면 이를 믿고 구원받을 수 없다.

바울은 이런 사실을 분명히 밝히고 있다.

> 누구든지 주의 이름을 부르는 자는 구원을 받으리라 그런즉 그들이 믿지 아니하는 이를 어찌 부르리요 듣지도 못한 이를 어찌 믿으리요 전파하는 자가 없이 어찌 들으리요 보내심을 받지 아니하였으면 어찌 전파하리요 기록된 바 아름답도다 좋은 소식을 전하는 자들의 발이여 함과 같으니라 그러나 그들이 다 복음을 순종하지 아니하였도다 이사야가 이르되 주여 우리가 전한 것을 누가 믿었나이까 하였으니 그러므로 믿음은 들음에서 나며 들음은 그리스도의 말씀으로 말미암았느니라
>
> 롬 10:13-17

교회가 복음을 전해야 하나님의 꿈이 이루어진다. 하나님께서 이를 위해 교회를 세우셨다. 그런데 현실은 어떠한가? 이슬람교나 기독교 이단들은 더욱 공격적으로 교세를 확장시켜 나가고 있는 데 반하여 교회는 점점 세속화되어 가고 있고, 세상에서 빛과 소금의 역할을 제대로 감당하지 못해 사람들에게 짓

밝히고 있다.

　이런 상황에서 과연 하나님의 꿈이 이루어질 수 있을지에 대한 의심이 들 수도 있다. 그러나 하나님의 꿈은 반드시 이루어진다. 왜냐하면 하나님께서 알파와 오메가가 되시기 때문이다. 교회가 잠시 마귀의 방해 공작으로 어려운 상황에 있지만, 하나님께서 정하신 때에 정하신 방법으로 교회를 통해 그 꿈을 이루실 것이다.

　우리의 궁극적인 존재 목적은 하나님의 영광을 드러내는 것이다. 그래서 바울은 "그런즉 너희가 먹든지 마시든지 무엇을 하든지 다 하나님의 영광을 위하여 하라"(고전 10:31)라고 권면한 것이다. 어떻게 하면 하나님께서 영광을 받으실까? 예배를 잘 드리면 하나님께서 영광을 받으실까? 물론 예배를 통해서도 하나님께서 영광을 받으신다. 그러나 한 영혼을 구원할 때 하나님께서 가장 크게 영광을 받으신다.

　하나님께서는 교회의 전도를 통해서 하나님의 꿈을 이루시기를 원하신다. 따라서 교회는 하나님의 꿈을 이루어드리기 위해 잃어버린 한 영혼을 찾아 구원해내는 일에 최선을 다해야 한다. 하나님의 꿈을 이루어드리기 위해 복음 전도에 진력하는 교회가 주님의 교회다.

chapter 02

초대교회 전도법의 전모를 밝히다

- 04 초대교회는 어떤 방법으로 전도했는가?
- 05 초대교회는 무엇을 훈련했는가?
- 06 초대교회는 어떻게 훈련했는가?
- 07 초대교회는 왜 성전과 집에서 훈련했는가?
- 08 초대교회는 어떤 상황에서 훈련했는가?
- 09 초대교회는 누구에게 먼저 복음을 전했는가?

평신도를 단기간에 전도자로 세우는 신개념 제자훈련
HOW DID THEY EVANGELIZE?

QUESTION 04
초대교회는 어떤 방법으로 전도했는가?

교회의 존재 목적은 전도이다. 그렇기에 교회가 시작된 이래 지금껏 전도해 왔고, 지금도 전도하고 있고, 앞으로도 계속 전도해야 한다. 그런데 왜 필자가 새삼스럽게 초대교회의 전도법을 거론할까? 그것은 초대교회가 예수께서 가르쳐주신 대로 전도했기 때문에 초대교회처럼 전도하면 예수님처럼 전도할 수 있게 되기 때문이다. 예수께서 어떻게 전도하셨는가? 본인이 직접 전도하셨을 뿐 아니라 제자들을 훈련시키고 그들과 함께 전도하셨다. 즉 제자훈련을 통해서 전도하셨다. 초대교회 전도법은 한마디로 제자훈련 전도법이다.

예수께서 제자훈련 전도법을 훈련하셨다

예수께서 이 세상에 오신 목적은 잃어버린 자를 구원하시기 위해서다(눅 19:10). 즉 예수께서는 전도의 사명을 갖고 이 땅에 오셨다. 예수께서 자신의 전도 사명을 어떻게 이해하셨는지는 제자들로부터 모든 사람이 예수님을 찾는다는 말을 전해 들으시고 하신 말씀을 통해서 알 수 있다.

이르시되 우리가 다른 가까운 마을들로 가자 거기서도 전도하리니

> 내가 이를 위하여 왔노라 하시고　　　　　　　　　　막 1:38

예수께서 이렇게 말씀하신 것은 자신이 이 땅에 오신 주된 목적을 전도로 인식하고 계셨다는 것이다. 따라서 예수님보다 전도에 대해 더 잘 알거나 잘할 사람은 없다. 예수님은 전도에 있어서 최고의 전문가이시다. 그런데 예수께서 어떻게 전도하셨는가? 혼자만 전도하시지 않고 제자들도 전도할 수 있도록 훈련하셨다.

공관복음서 기자들은 예수께서 제자들을 현장에 보내시기 전, 먼저 어떻게 복음을 전해야 할지를 가르치셨다고 소개한다.

> 예수께서 이 열둘을 내보내시며 명하여 이르시되 이방인의 길로도 가지 말고 사마리아인의 고을에도 들어가지 말고 오히려 이스라엘 집의 잃어버린 양에게로 가라 가면서 전파하여 말하되 천국이 가까이 왔다 하고 병든 자를 고치며 죽은 자를 살리며 나병환자를 깨끗하게 하며 귀신을 쫓아내되 너희가 거저 받았으니 거저 주라 너희 전대에 금이나 은이나 동을 가지지 말고 여행을 위하여 배낭이나 두 벌 옷이나 신이나 지팡이를 가지지 말라 이는 일꾼이 자기의 먹을 것 받는 것이 마땅함이라 어떤 성이나 마을에 들어가든지 그 중에 합당한 자를 찾아내어 너희가 떠나기까지 거기서 머물라 또 그 집에 들어가면서 평안하기를 빌라 그 집이 이에 합당하면 너희 빈 평안이 거기 임할 것이요 만일 합당하지 아니하면 그 평안이 너희에게 돌아올 것이니

라 누구든지 너희를 영접하지도 아니하고 너희 말을 듣지도 아니하거든 그 집이나 성에서 나가 너희 발의 먼지를 떨어 버리라 내가 진실로 너희에게 이르노니 심판 날에 소돔과 고모라 땅이 그 성보다 견디기 쉬우리라 보라 내가 너희를 보냄이 양을 이리 가운데로 보냄과 같도다 그러므로 너희는 뱀 같이 지혜롭고 비둘기 같이 순결하라 사람들을 삼가라 그들이 너희를 공회에 넘겨 주겠고 그들의 회당에서 채찍질하리라 또 너희가 나로 말미암아 총독들과 임금들 앞에 끌려 가리니 이는 그들과 이방인들에게 증거가 되게 하려 하심이라 너희를 넘겨 줄 때에 어떻게 또는 무엇을 말할까 염려하지 말라 그 때에 너희에게 할 말을 주시리니 말하는 이는 너희가 아니라 너희 속에서 말씀하시는 이 곧 너희 아버지의 성령이시니라 장차 형제가 형제를, 아버지가 자식을 죽는 데에 내주며 자식들이 부모를 대적하여 죽게 하리라 또 너희가 내 이름으로 말미암아 모든 사람에게 미움을 받을 것이나 끝까지 견디는 자는 구원을 얻으리라 이 동네에서 너희를 박해하거든 저 동네로 피하라 내가 진실로 너희에게 이르노니 이스라엘의 모든 동네를 다 다니지 못하여서 인자가 오리라

마 10:5-23, 참조 막 6:7-13, 눅 9:1-6

예수께서는 제자들이 복음을 전할 수 있도록 가르치시고 현장에서 복음을 전할 때에 병든 자를 고치도록 훈련하셨다. 예수께서 제자들이 이렇게 세 가지 사역, 즉 가르치고 전하고 치유하도

록 훈련하여 복음을 전하게 하신 것을 제자훈련 전도법이라고 한다. 따라서 예수님처럼 제자훈련으로 복음을 전해야 한다.

초대교회는 제자훈련으로 전도했다

사도들은 복음 전하는 것을 가장 중요하게 생각하였기 때문에 핍박 중에서도 담대히 복음을 전했다.

> 그들이 옳게 여겨 사도들을 불러들여 채찍질하며 예수의 이름으로 말하는 것을 금하고 놓으니 사도들은 그 이름을 위하여 능욕 받는 일에 합당한 자로 여기심을 기뻐하면서 공회 앞을 떠나니라   행 5:40-41

그러나 사도들은 그들 자신만 복음을 전한 것이 아니라 성도들도 그렇게 하도록 훈련했다.

> 그들이 날마다 성전에 있든지 집에 있든지 예수는 그리스도라고 가르치기와 전도하기를 그치지 아니하니라   행 5:42

이렇게 사도들이 날마다 성전에 있든지 집에 있든지 예수는 그리스도라고 가르치고 전도하는 것을 그치지 않았다는 것은 그들이 가서 복음을 전할 수 있도록 훈련했다는 것이다. 즉 초대교회의 사도들은 말로만 성도들에게 복음을 전하라고 하지 않고 먼저 전도하는 본을 보여주고 성도들도 자신들처럼 하도록 제자훈련을 했다. 한마디로 초대교회는 제자훈련으로 복음을 전했다.

여기서 한 가지 질문을 던져야 한다. 사도들이 어떻게 성전과 집에서 예수는 그리스도라고 가르치고 전도하도록 훈련할 수 있었느냐는 것이다. 그것은 제자들이 공생애 동안 예수님과 같이 살면서 가까이서 이를 직접 보고 배웠기 때문이다. 특별히 예수께서 십자가의 죽음을 앞두시고 예루살렘에 입성하셔서 한 주간 성전에서 날마다 복음을 전파하시고 가르치신 것을 보았기 때문이다(눅 19:47, 20:1).

초대교회는 모든 교회가 본받아야 할 모델교회이므로 초대교회처럼 제자훈련으로 복음을 전해야 한다. 자기의 생각과 뜻대로 전도하지 말고 예수께서 보여주신 대로 해야 한다. 물론 전혀 전도하지 않는 것보다는 전도하는 것이 백배 낫다. 그러나 사도들이 예수는 그리스도라고 전하도록 훈련한 것처럼 다른 사람들을 가르쳐서 그들도 함께 전도하도록 해야 한다.

복음 전도자는 제자훈련으로 세워진다

초대교회의 사도들은 예수님처럼 제자훈련을 통하여 복음을 전했다. 그런데 이와 관련해서 한 가지 질문을 던져야 한다. 초대교회는 왜 성도들에게 전도할 수 있도록 훈련했느냐는 것이다. 그것은 그렇게 하지 않으면 다른 사람을 복음 전도자로 세울 수 없기 때문이다. 한마디로 '가서 제자 삼으라'는 주님의 명령에 순종하는 자들을 만들어 낼 수 없기 때문이다.

예수께서 십자가에 못 박혀 죽으시고 부활하신 사실, 즉 복음을 믿으면 죄 사함을 받고 구원받아 하나님의 자녀가 된다. 그러나 그것은 신앙생활의 끝이 아니라 시작에 불과하다. 구원받은 성도는 반드시 자신이 만난 주님을 증거해야 한다. 왜냐하면 하나님께서 우리를 먼저 구원해주신 것은 다른 사람에게 복음을 전하도록 하기 위해서이기 때문이다(벧전 2:9).

그런데 복음을 전해도 훈련을 받아 전하는 경우와 훈련을 받지 않고 전하는 경우는 하늘과 땅만큼 차이가 난다. 이는 마치 같은 군인이지만 특수 훈련을 받는 경우와 그렇지 않은 경우와 같다. 이름부터 다르게 불린다. 고강도 훈련을 받으면 특전병으로 불리고 그렇게 훈련받지 않으면 일반 사병으로 불린다. 또한 실전에서도 현저한 차이가 난다. 특전병은 적진 깊숙이 침투하여 적을 궤멸하는 일에 혁혁한 공을 세우지만, 일반 사병은 그들을 도와서 전투에 참여한다.

그리스도인도 마찬가지다. 훈련을 받은 경우와 그렇지 않은 경우는 전혀 다르다. 훈련을 받은 자는 평신도사역자라고 불리고, 훈련을 받지 않은 자는 교회의 직분으로만 불린다. 또 평신도사역자는 본인의 신앙을 지킬 뿐 아니라 많은 사람을 주께 인도하고 다른 사람들을 세워주지만, 일반 그리스도인은 개인의 신앙을 지키는 것조차 버거워한다. 또 훈련받은 자는 하나님 나라의 건설을 위해 자신의 생각과 뜻을 내려놓고 기꺼이 '가서 제자 삼으라'는 명령에 순종하지만, 그렇지 않은 자는 이 세상 사람처럼 예수님보다 돈을 더 사랑하고 자기중심적으로 신앙생활을 하므로 하찮은 일로도 시험에 들고 환난이 오면 쉽게 주님을 떠난다.

예수께서 3년 반의 공생애 동안 3분의 2에 해당하는 시간을 오직 12명에게 투자하셨던 이유는 무엇인가? 훈련하지 않으면 '가서 제자 삼으라'는 명령에 순종하는 자가 만들어지지 않는다는 것을 아셨기 때문이다. '가서 제자 삼으라'는 명령에 순종하게 하려면 반드시 훈련해야 한다.

하나님께서 큰 박해를 통해서 예루살렘교회를 흩으셨을 때 평신도들이 유대와 사마리아 땅끝으로 흩어져 복음을 전할 수 있었던 것은 날마다 성전에 있든지 집에 있든지 예수는 그리스도라고 가르치고 전도하는 훈련을 받았기 때문이다.

제자훈련을 하지 않으면 재생산하는 복음 전도자는 만들어지지 않는다. 기독교가 300여 년 동안 로마 제국의 극심한 박해 가운데서도 하나님의 나라를 확장해 갈 수 있었던 것은 제자훈련을 통해 재생산하는 복음 전도자를 만들었기 때문이다.

제자훈련은 한마디로 재생산하는 복음 전도자를 만드는 것이다. 주님께서 '가서 모든 민족을 제자 삼으라'고 명령하셨기 때문에 교회 안에서 예배를 드리는 것으로 만족하지 말고 훈련받아 또 다른 제자를 만듦으로 교회를 건강하게 세우고 하나님 나라를 확장해야 한다.

제자훈련은 가장 효과적인 전도법이다

어느 날 새벽기도를 하던 중 갑자기 이런 의문이 생겼다.

'예수께서 복음이 땅끝까지 증거되어야 다시 오신다고 하셨는데, 과연 예수께서 가장 효과적으로 복음을 전하는 방법을 아실까 모르실까?'

당연히 예수께서 가장 효과적으로 전도하는 방법을 알고 계신다는 생각이 들었다. 그래서 그 방법을 가르쳐달라고 주님께 기도하면서 예수께서 제자들을 어떻게 전도하도록 훈련하셨는지를 찾아내기 위해 사복음서를 샅샅이 살펴보았다. 그런데 이렇게 하는 가운데 또다시 다음과 같은 의문이 생겼다.

'예수께서 우리의 죄를 대속하시기 위해 죽으러 오셨는데, 왜 곧바로 십자가에 못 박혀 죽으시지 않고, 먼저 3년간 제자들을 훈련하시고 구속 사역을 완성하신 후 마지막으로 가서 제자 삼으라고 명령하셨느냐는 것이다.'

이런 의문을 갖고 성경을 읽던 중 다음의 두 구절을 통해서 그 실마리를 찾게 되었다.

> 이르시되 우리가 다른 가까운 마을들로 가자 거기서도 전도하리니 내가 이를 위하여 왔노라 하시고
> 막 1:38

> 인자가 온 것은 섬김을 받으려 함이 아니라 도리어 섬기려 하고 자기 목숨을 많은 사람의 대속물로 주려 함이니라
> 막 10:45

두 구절 모두 예수께서 이 세상에 오신 이유를 알려준다. 하나는 전도하기 위해 오셨고, 다른 하나는 우리의 죄를 대속하시기 위해 죽으러 오셨다. 따라서 전도와 예수님의 구속 사역은 불가분의 관계에 있다. 즉 전도는 예수께서 우리의 죄를 대속하시기 위해 십자가에 못 박혀 죽으신 구속 사역을 증거하는 것이다.

그런데 어떻게 하면 구속 사역을 가장 효과적으로 전할 수 있겠는가? 혼자서 전하지 않고 다른 사람을 가르쳐서 함께 전하면 된다. 즉 제자훈련으로 복음을 전하면 된다. 혼자서 전도하는 것과 다른 사람을 훈련하여 함께 전도하는 것은 그 효과를 비교할 수 없다. 혼자서 전도하지 않고 다른 사람을 훈련하여 함께 전도하면 실제로 얼마나 큰 차이가 있을까? 예를 들어, A는 혼자서 전도를 하고 B는 제자훈련으로 각각 1년에 한 사람씩 전도한다고 하자. A는 1년 후면 두 명이 되고, 2년 후면 세 명이 되고, 3년 후면 네 명이 되고, 4년 후면 다섯 명이 되고, 5년 후면 여섯 명이 되고, 10년 후면 열한 명이 되지만, B는 1년 후

면 두 명, 2년 후면 네 명, 3년 후면 여덟 명, 4년 후면 열여섯 명, 5년 후면 삼십이 명, 10년 후면 천이십사 명이나 된다.

시작은 같지만 10년 후면 혼자서 전도하는 것보다 제자훈련으로 전도하는 것이 100배 이상의 열매를 맺게 된다. 그래서 예수께서 구속 사역을 완성하시기 전 제자들을 훈련하신 것이고, 완성하신 후에 '가서 제자 삼으라'고 명령하신 것이다.

제자훈련은 예수께서 친히 가르쳐주신 가장 효과적인 전도법이다. 제자훈련보다 복음을 더 빠르고 효과적으로 전파하는 방법은 없다. 예수께서 공생애 동안 제자들에게 제자훈련의 본을 보이시고 마지막 승천하시면서 제자 삼으라고 명령하신 것은 바로 이 때문이다.

사람은 예외 없이 아담의 후손으로 죄인으로 태어나기 때문에 거듭나기 전에는 영적으로 마귀의 자녀. 혹 그의 부모가 신실한 그리스도인일지라도 개인적으로 예수님을 영접하지 않으면 영적으로는 마귀의 자녀임에 틀림이 없다(요 8:44). 따라서 자연출생률을 능가하는 속도로 복음을 전하지 않으면 세계 복음화는 이루어지지 않는다. 가장 효과적인 방법인 제자훈련으로 복음을 전해야 세계 복음화를 이룰 수 있는 것이다.

그런데 교회는 주로 어떤 방법으로 복음을 전하고 있는가? 주님께서 가르쳐주신 방법이 아니라 다른 방법으로 전하고 있다. 즉 가장 효과적인 방법으로 복음을 전하지 않고 비효과적인 방법으로 전하고 있다.

이처럼 제자훈련으로 복음을 전하지 않으니까 어떤 현상이 빚어지고 있는가? 교회는 점점 침체해가고 있는 데 반해, 제자훈련으로 이단들은 교세를 확장해가고, 다단계 회사들은 막대한 부를 축적해가고 있다.

이제 이단과 다단계 회사에게 빼앗긴 제자훈련을 되찾아 가장 효과적인 방법으로 복음을 증거하여 진정한 교회의 부흥을 맛보아야 한다. 그러나 이렇게 하려면 먼저 해결해야 할 것이 있다. 제자훈련에 대한 고정관념을 확 바꿔야 한다. 지금까지는 제자훈련을 신앙성숙과 믿음을 성장시키는 성경공부로 생각했지만, 이제는 복음을 가장 효과적으로 전하는 방법으로 생각해야 한다.

주님께서 복음을 가장 효과적으로 전할 수 있는 방법을 가르쳐주셨는데, 우리가 이를 통하여 복음을 전하지 않고 다른 방법으로 전한다면 주님께서 얼마나 슬퍼하시고 노하시겠는가?

D3전도중심제자훈련이 초대교회 전도법을 복원하다

필자는 2007년부터 D3양육시스템을 개발하여 한국교회에 보급하기 시작하였다. 수천의 교회와 목회자, 수만의 평신도들이 훈련에 참여할 정도로 큰 사랑을 받았다. 한때 국내에서 최고의 목회전문지로 불리는 '목회와 신학'(2011년 7월호)에서 유기성목사(선한목자교회), 김인중목사(안산동산교회) 오정호목사(대전새로남교회), 백동조목사(목포사랑의교회) 등과 함께 제자훈련 분야에서 한국교회 명강사로 선정되기도 하였다.

  수많은 목회자와 평신도들로부터 D3양육시스템의 훈련 교재가 쉽고 단순하여 교회에 적용하기 쉽다는 평가를 받아왔다. 특히 몇몇 중형교회에서는 국내외의 주요 양육교재를 비교 분석한 결과 D3양육교재가 제일 탁월하다는 결론을 내렸다는 말을 전해오기도 했다.

  필자는 서울시 마포구 상수동에 교회를 개척하고 날마다 전도함으로 몇 개월 만에 재정적으로 자립하자 곧바로 D3양육시스템을 개발하여 목회자 제자훈련세미나를 인도했기 때문에 한 번도 조직교회의 당회를 운영해 본 적이 없었다. 그런데 D3양육세미나를 인도할 때마다 중대형교회의 목회자들로부터 종종 다음의 질문을 받으면 아무런 답을 하지 못했다.

"조직교회에서는 D3양육시스템을 어떻게 적용해야 하느냐?"

그래서 세미나 후에는 다음과 같은 기도를 드렸다.

"주님! 조직교회 목회자들의 질문에 답할 수 있도록 당회 있는 교회에서 목회하게 하소서."

주님께서 기도에 응답하셔서 동신교회(장로 11명, 협동 장로 3

명 포함)로 부임하게 되었다(2011년 12월). 부임해서 곧바로 D3양육시스템으로 평신도들을 훈련하자 오랫동안 침체되었던 교회가 살아나고 수적으로도 크게 부흥을 하였다.

부임한 지 2년 9개월이 되었을 때 성령께서 일반 목회를 내려놓고 특수 목회(제자훈련 사역)를 하라는 감동을 주셔서 위임목사직을 사임하고 제자훈련 사역에 뜻을 같이한 몇몇 성도들과 함께 홍대 근처에서 교회(교회명 더처치)를 개척하였다.

그런데 제자훈련 사역을 준비하던 중 별로 달갑지 않은 소식이 들려왔다. D3양육시스템을 적용해서 성공사례까지 발표했던 목회자가 다른 세미나를 쫓아다닌다는 것이었다. 이유인즉, 교회가 D3양육시스템을 적용하면 얼마 동안은 놀랍게 부흥하지만, 나중에는 전도가 되지 않아 다른 양육시스템과 별반 다르지 않게 된다는 것이었다.

이 말을 듣고 그 문제를 해결하기 위해 기도하던 중 한 가지 깨달은 사실이 있다. 그것은 평신도가 실제로 전도하지 않으면 아무리 양육시스템과 훈련교재가 탁월해도 소용이 없다는 것이다. 그래서 'D3양육시스템'을 'D3전도중심제자훈련'으로 바꾸고 제자훈련을 하는 목적을 복음 전도자를 만드는 데 두었다. 이를 위해 먼저 개교회에서 'D3양육부흥회'를 하여 평신도사역자를 세우고, 그들을 중심으로 전 교인들이 전도에 참여하는 'D3페스티벌'을 진행하였다.

그러자 불과 3개월 만에 교회 안에 변화의 바람이 불기 시작했다. 무엇보다도 전도하지 않던 평신도들이 복음을 전하고, 말씀을 목회자만 가르친다고 생각하던 평신도들이 직접 말씀을 가르쳤다. 그리고 말씀을 가르치는 과정에서 겪는 여러 가지 고통을 통하여 목회자의 마음을 헤아리게 되어 목회의 동역자로 변해갔다.

물론 이런 변화가 모든 교회에서 일어난 것은 아니다. 그리고 이렇게 변하는 평신도도 손꼽을 정도로 미미하다. 또 이런 과정에서 훈련에 참여하지 않은 자들로부터 공격을 받아 여러 가지 어려움에 직면하는 교회도 있다. 그러나 단 한 사람이라도 그리스도의 제자가 만들어진다면 이를 중단하지 말아야 한다. 왜냐하면 주님께서 마지막으로 '가서 제자 삼으라'고 당부하셨기 때문이다.

'D3전도중심제자훈련'은 모든 그리스도인을 주님의 마지막 명령에 순종하도록 훈련하는 일종의 제자훈련시스템이다. 이것으로 훈련하면 초대교회처럼 평신도들이 복음을 전하고 가르치고 치유하므로 '가서 제자 삼으라'는 주님의 마지막 명령에 순종할 수 있다.

QUESTION 05
초대교회는 무엇을 훈련했는가?

　초대교회는 과연 무엇을 훈련했을까? 이 질문을 던지는 이유는 한마디로 초대교회는 모든 교회의 모델이기 때문이다. 즉 초대교회가 무엇을 훈련했는지를 알아야 우리도 그와 동일한 훈련을 할 수 있기 때문이다. 그런데 초대교회는 예수께서 하신 대로 성도들을 훈련했기 때문에 그들이 무엇을 훈련했는지를 알려면 먼저 예수께서 제자들을 훈련하신 내용이 무엇인지를 살펴보아야 한다.

예수님은 세 가지 사역을 훈련하셨다

　우리가 알다시피 예수께서 공생애 동안 제자들을 훈련하셨다. 그런데 우리는 예수께서 훈련하신 내용이 무엇인지를 물으면 쉽게 대답하지 못한다. 왜 그럴까? 예수께서 제자들을 훈련하신 내용과 우리가 제자훈련을 하는 내용이 전혀 다르기 때문이다. 즉 예수께서는 현장 중심의 제자훈련을 하셨지만 우리는 건물 안에서 성경공부 중심의 제자훈련을 하기 때문이다.

> 예수께서 온 갈릴리에 두루 다니사 그들의 회당에서 가르치시며 천국 복음을 전파하시며 백성 중의 모든 병과 모든 약한 것을 고치시니
>
> 마 4:23

> 예수께서 모든 도시와 마을에 두루 다니사 그들의 회당에서 가르치시며 천국 복음을 전파하시며 모든 병과 모든 약한 것을 고치시니라
>
> 마 9:35

이처럼 예수께서는 주로 현장으로 가서 복음을 전파하시고 병든 자들과 귀신들린 자들을 고쳐주셨다. 즉 예수께서는, 세 가지 사역, 즉 현장에서 복음을 가르치고, 전파하고, 치유하셨다. 예수께서 이렇게 세 가지 사역을 하신 것은 무엇보다도 자신이 메시아이심을 증거하신 것이다. 즉 사람들이 예수께서 이렇게 사역하시는 것을 보고서 예수님을 메시아로 믿도록 하신 것이다.

그런데 예수께서 이렇게 세 가지 사역, 즉 가르치시고, 전파하시고, 치유하신 다른 이유가 있다. 그것은 예수께서 하신 사역을 제자들이 그대로 하도록 본을 보여주신 것이다. 즉 제자들도 예수님처럼 하나님의 나라를 가르치고, 복음을 전파하고, 병든 자들을 치유하도록 훈련하신 것이다.

사도들도 예수님처럼 세 가지 사역을 훈련했다

누가는 초대교회의 사도들이 성도들에게 무엇을 훈련했는지를 알려주고 있다.

> 그들이 날마다 성전에 있든지 집에 있든지 예수는 그리스도라고 가르치기와 전도하기를 그치지 아니하니라
>
> 행 5:42

사도들이 이렇게 성도들을 훈련할 수 있었던 것은 예수께서 십자가에 운명하시기 전 예루살렘에 입성하셔서 한 주간 동안 날마다 하신 것을 눈여겨보고 그대로 본받았기 때문이다.

> 예수께서 날마다 성전에서 가르치시니 대제사장들과 서기관들과 백성의 지도자들이 그를 죽이려고 꾀하되 눅 19:47

> 하루는 예수께서 성전에서 백성을 가르치시며 복음을 전하실새 대제사장들과 서기관들이 장로들과 함께 가까이 와서 눅 20:1

따라서 사도들이 이렇게 예수는 그리스도라고 가르치고 전도하도록 훈련한 것은 그들이 예수님처럼 제자훈련을 한 것이다. 그런데 예수께서는 제자들에게 세 가지 사역, 즉 가르치고, 전파하고 치유하는 것을 훈련하셨는데(마 4:23, 9:35), 사도들은 가르치고 전하는 것만 훈련했다. 즉 세 가지 사역 중에 치유 사역이 빠져 있다. 그러면 치유 사역은 어떻게 훈련하였는가? 성도들이 나가서 복음을 전하고 가르칠 때 치유가 따르도록 하였다. 즉 그들이 나가서 복음을 전할 때 병든 자가 고침을 받고 귀신이 쫓겨나가는 치유의 역사가 일어났다(참조, 막 16:15-20).

> 그 흩어진 사람들이 두루 다니며 복음의 말씀을 전할새 빌립이 사마리아 성에 내려가 그리스도를 백성에게 전파하니 무리가 빌립의 말

> 도 듣고 행하는 표적도 보고 한 마음으로 그가 하는 말을 따르더라 많은 사람에게 붙었던 더러운 귀신들이 크게 소리를 지르며 나가고 또 많은 중풍병자와 못 걷는 사람이 나으니 행 8:4-7, 참조 행 6:10

그러면 사도들이 이렇게 예수님처럼 세 가지 사역을 할 수 있도록 훈련한 이유는 무엇일까? 여러 가지 이유가 있겠지만 가장 주된 것은 예수께서는 승천하시기 전, 그들에게 다음과 같이 당부하셨기 때문이다.

> 그러므로 너희는 가서 모든 민족을 제자로 삼아 아버지와 아들과 성령의 이름으로 세례를 베풀고 내가 너희에게 분부한 모든 것을 가르쳐 지키게 하라 볼지어다 내가 세상 끝날까지 너희와 항상 함께 있으리라 하시니라 마 28:19-20

사도들은 예수께서 마지막으로 '가서 제자 삼으라'고 명령하신 것을 기억하고, 성도들이 이 명령에 순종하도록 날마다 예수는 그리스도라고 가르치고 전하도록 훈련한 것이다.

모든 그리스도인이 세 가지 사역을 하도록 훈련해야 한다

예수께서는 모든 그리스도인의 신앙과 삶과 사역의 모델이시다. 따라서 예수님처럼 신앙생활을 해야 하고, 살아야 하고, 사역해야 한다. 필자는 예수님의 삶을 본받도록 하기 위해 〈예스〉(우리하나, 2009)라는 책을 펴냈고, 예수님처럼 믿음으로 살도록 하기 위해 〈믿음으로 날다〉(우리하나, 근간 예정)라는 책을 집필 중이고, 예수님처럼 사역하도록 하기 위해 〈왕처럼 사역하라〉(우리하나, 2009)를 펴냈다.

예수께서 세 가지 사역을 하시고 제자들이 이를 본받도록 훈련하셨듯이 초대교회의 사도들은 먼저 세 가지 사역을 하고 평신도들이 이를 본받도록 훈련했다. 마찬가지로 영적 지도자가 먼저 세 가지 사역을 하고 평신도들이 이를 본받도록 훈련해야 한다.

예수께서 마지막으로 '가서 제자 삼으라'고 명령하셨지만, 오늘날 그리스도인들이 대부분 그렇게 하지 못하는 이유는 다른 데 있는 것이 아니다. 초대교회의 사도들이 예수님을 본받아 성도들을 제자 삼도록 훈련한 것처럼, 영적 지도자들이 평신도들을 상대로 훈련하고 있지 않기 때문이다.

필자가 보급하고 있는 D3전도중심제자훈련은 예수께서 세 가지 사역을 통하여 복음을 증거하신 것처럼, 모든 그리스도인이 세 가지 사역을 통하여 복음을 전하도록 훈련하는 제자훈련 시스템이다. 즉 예수께서 하신 세 가지 사역을 예수님 자신의 고유사역이 아니라 모든 그리스도인이 해야 할 사역으로 이해하고, 모든 그리스도인이 예수님처럼 세 가지 사역으로 복음을 전하도록 훈련하는 데 초점을 두고 있다.

참고로, 예수님의 세 가지 사역의 순서에 대해 생각해야 한다. 마태복음 기자는 두 번이나(마 4:23; 9:35) 예수님의 세 가지 사역을 동일한 순서로 기록하고 있다. 즉 가르치시고, 전파하시고, 치유하셨다고 소개하고 있다. 그런데 예수께서 이 세상에 오신 주된 목적은 잃어버린 영혼을 구원하시기 위해서다. 즉 전도하러 오셨다. 따라서 세 가지 사역 중 예수께서 가장 먼저 복음을 전파하셨다고 기록하는 것이 당연하다고 생각할 수 있다.

지구촌교회 원로이신 이동원 목사님도 필자의 저서인 〈왕처럼 사역하라〉(우리하나, 2009)의 추천사에서 다음과 같이 가르침과 전도의 순서를 바꾸었다. 즉 전도를 가르침보다 앞세웠다.

"지난 십수 년 세계 교회를 강타한 두 사역의 트렌드가 있었습니다. 하나는 제자훈련 사역이요, 또 하나는 성령 사역입니다. 이 두 사역의 트렌드는 서로 충돌하고 서로 보완하기도 했습니다. 그러나 우리는 대체로 이 두 사역들을 보완적으로 이해하기보다, 충돌적으로 더 이해하여 온 것이 사실입니다. 그런데 저자인 안창천 목사님은 이 두 사역은 철저하게 보완적으로 이해되어야 한다고 주장합니다. 예수님은 성령으로 제자훈련을 하셨기 때문입니다. 그는 성령으로 전파하고 성령으로 가르치고 성령으로 상처 입은 자들을 치유하셨습니다."

왜 마태는 예수께서 전도하신 것보다 먼저 가르치신 것을 기록하고, 또 전도 다음에 치유하셨다고 기록하였을까? 마태는 분명히 의도를 갖고 그렇게 기록했을 것이다. 이는 마태가 다른 복음서 기자와 다르게 복음을 전하라고 명령한 것을 보면 알 수 있다. 사복음서 모두 말미에 직접 복음을 전하라고 명령하는데, 오직 마태복음만 제자훈련 방법으로 복음을 전하라고 명령하고 있다.

왜 마태만 이렇게 기록했을까? 마태는 가장 효과적으로 복음을 전하는 방법을 알았기 때문이다. 알다시피 마태는 직업이 세리였기 때문에 누구보다도 수리에 밝았다. 따라서 그는 어떻게 복음을 전해야 가장 효과적인지를 직감적으로 알고 있었다. 즉 혼자서 복음을 전하지 않고 다른 사람들을 가르쳐서 그들과 함께 전하면 더 많은 사람을 그리스도께 인도할 수 있다는 것을 알았던 것이다.

또 마태는 왜 예수께서 가르치시고 전파하셨다고만 하지 않고 치유를 하셨다고 했을까? 그것도 전도와 불가분의 관계에 있기 때문이다. 즉 전도할 때 치유가 따라야 복음을 능력 있게 전할 수 있기 때문이다. 사도 바울도 평소 복음을 전할 때에 능력을 행했지만, 고린도 지역에서 복음을 전할 때는 철학자들을 염두에 두고 논리적으로 전하였다가 별로 열매를 맺지 못한 경험이 있었기 때문에 다음과 같이 말한 것이다.

> 형제들아 내가 너희에게 나아가 하나님의 증거를 전할 때에 말과 지혜의 아름다운 것으로 아니하였나니 내가 너희 중에서 예수 그리스

도와 그가 십자가에 못 박히신 것 외에는 아무것도 알지 아니하기로 작정하였음이라 내가 너희 가운데 거할 때에 약하고 두려워하고 심히 떨었노라 내 말과 내 전도함이 설득력 있는 지혜의 말로 하지 아니하고 다만 성령의 나타나심과 능력으로 하여 너희 믿음이 사람의 지혜에 있지 아니하고 다만 하나님의 능력에 있게 하려 하였노라

고전 2:1-5

우리가 복음을 말로만 전하면 비신자들이 이를 쉽게 받아들이지 않는다. 어떻게 보이지 않는 하나님을 존재하신다고 믿을 수 있겠는가? 어떻게 예수께서 동정녀 마리아를 통하여 탄생하신 것을 믿을 수 있겠는가? 어떻게 십자가에 못 박혀 죽으신 예수께서 다시 살아나신 것을 믿을 수 있겠는가? 그런데 성령의 능력과 나타남으로 병든 자를 고치거나 귀신을 쫓아내며 복음을 전하면 하나님의 존재를 경험하게 되어 복음을 쉽게 받아들이게 되는 것이다.

믿는 자들에게는 이런 표적이 따르리니 곧 그들이 내 이름으로 귀신을 쫓아내며 새 방언을 말하며 뱀을 집어올리며 무슨 독을 마실지라도 해를 받지 아니하며 병든 사람에게 손을 얹은즉 나으리라 하시더라 주 예수께서 말씀을 마치신 후에 하늘로 올려지사 하나님 우편에 앉으시니라 제자들이 나가 두루 전파할새 주께서 함께 역사하사 그 따르는 표적으로 말씀을 확실히 증언하시니라

막 16:17-20

초대교회의 사도들이 예수께서 그들에게 본을 보여주신 대로 성도들이 세 가지 사역을 하도록 훈련한 것은 한마디로 복음을 효과적으로 그리고 능력 있게 전하도록 하기 위해서다. 따라서 우리도 초대교회의 사도들처럼 성도들이 복음을 효과적으로 그리고 능력 있게 전하도록 세 가지 사역을 훈련해야 한다.

그런데 오늘날 교회는 어떻게 하고 있는가? 세 가지 사역을 복음전도와 연관시키지 않을뿐더러, 성도들이 세 가지 사역을 하도록 훈련하지도 않는다. 세 가지 사역을 각각의 사역으로 이해하여 혹자는 가르치고, 혹자는 전도하고, 혹자는 치유하는 일에 집중한다. 그러나 세 가지 사역은 독립적인 사역이 아니라 복음을 전하기 위한 연합 사역이다. 즉 복음을 효과적으로 전도하도록 가르치고, 복음을 능력 있게 전하도록 치유하는 것이다.

QUESTION 06
초대교회는 어떻게 훈련했는가?

초대교회의 성도들은 세 가지 사역, 즉 가르치고 전파하고 치유함으로 예수께서 당부하신 대로 '가서 제자 삼으라'는 명령에 순종하였다. 그런데 초대교회의 성도들이 이렇게 했다는 것은 누군가 그렇게 하도록 훈련했음을 뜻한다. 초대교회의 사도들은 성도들을 복음 전도자로 만드는 훈련 방법을 알고 있었다. 초대교회의 사도들은 세 가지 방법, 즉 반복, 집중, 시연으로 성도들을 훈련했다.

초대교회는 반복훈련을 했다

사도들은 날마다 성전에 있든지 집에 있든지 예수는 그리스도라고 가르치기와 전도하기를 그치지 아니했다(행 5:42). 그런데 '날마다'는 문자 그대로 매일의 의미로 볼 수도 있겠지만 그보다는 반복했다는 뜻이다. 또 '그치지 아니하니라'는 것도 단지 멈추지 않았다는 뜻이 아니라 반복했다는 뜻이다. 즉 사도들은 예수는 그리스도라고 가르치고 전도하는 것을 반복해서 훈련했다. 왜 사도들은 그렇게 훈련했을까?

첫째로, 예수께서 구원자이심을 망각하지 않아야 전도할 수 있기 때문이다. 뇌는 받아들인 정보를 기억하는 역할을 한다. 뇌에서 임시로 저장하는 역할을 하는 곳을 해마라고 하는데, 이는 그 모양이 해마(海馬)를 닮았기 때문이다. 해마는 임시로 보관하던 정보 중에서 버릴 것은 버리고 기억할 것은 주기억장치로 보낸다.

그런데 해마가 이렇게 취사선택을 할 때 고려하는 주요한 요인이 있는데 그것이 반복이다. 즉 임시로 보관 중인 정보를 반복하면 해마는 이를 중요하다고 판단해서 주기억장치로 보내서 기억하게 하고, 반면에 이를 반복하지 않으면 중요하지 않다고 생각해서 없애버린다.

독일의 심리학자 헤르만 에빙하우스((Hermann Ebbinghaus)는 망각곡선 이론을 주장했다.

"사람의 기억은 학습 후 10분이 지나면 망각이 시작되는데 대부분 1시간이 지나면 학습한 정보의 50% 가량을, 하루 뒤에는 70% 가량을, 한 달 후에는 80% 이상을 망각하게 된다. 이러한 망각으로부터 기억을 오랫동안 지속시키기 위한 가장 효과적인 방법은 복습인데, 최초 학습 후 10분 뒤에 복습하면 하루 동안 기억이 유지되며, 하루 뒤에 다시 복습하면 일주일, 일주일 뒤에 재차 복습하면 한 달간 기억이 유지되고, 한 달 후 해당 내용을 다시 복습하게 되면 6개월 이상 기억이 유지되는 장기 기억으로 전환된다."

즉 기억은 시간에 반비례하지만 반복하면 오랫동안 기억을 유지할 수 있다는 것이다. 그런데 망각곡선의 현상은 단지 학습 영역에서만 일어나지 않고 신앙의 영역에서도 일어난다. 즉 예수께서 그리스도이심을 믿는 데도 동일하게 일어난다. 그리스도인이라면 누구나 예수께서 그리스도이심을 다 알고 있다.

그런데 실제로 예수님을 그리스도로 생각하지 않고 돈을 구원자로 생각하고 살아가는 사람들이 부지기수다. 왜 이런 현상이 일어날까? 예수께서 그리스도이시라고 반복해서 가르치고 전하도록 훈련하지 않기 때문이다. 이 세상에서는 돈이 보이지 않는 하나님과 견줄 정도로 막강한 힘을 갖고 있다. 그래서 예수께서도 다음과 같이 말씀하셨다.

> 한 사람이 두 주인을 섬기지 못할 것이니 혹 이를 미워하고 저를 사랑하거나 혹 이를 중히 여기고 저를 경히 여김이라 너희가 하나님과 재물을 겸하여 섬기지 못하느니라　　　　　　　　　마 6:24

어떻게 하면 이 세상에서 예수님을 구원자로 믿고 살아갈 수 있는가? 예수는 그리스도이시라고 반복해서 가르치고 전하도록 훈련해야 한다. 초대교회의 사도들은 이런 사실을 알고 있었기 때문에 날마다 성도들에게 예수는 그리스도라고 가르치고 전하도록 반복해서 훈련한 것이다.

둘째로, 예수께서 그리스도이심을 온전히 알아야 복음을 전할 수 있기 때문이다. 일반적으로 화자와 청자 사이에는 지식의 차이가 있기 때문에 화자가 말한 의미를 청자가 제대로 이해하지 못하는 경우가 비일비재하다. 필자는 D3전도중심제자훈련 세미나를 인도하면서 다음과 같은 내용을 여러 차례 반복해서 말하곤 한다.

"초대교회의 사도들이 반복적으로 예수는 그리스도라고 가르치고 전도하도록 훈련했기 때문에 우리도 그렇게 훈련해야 한다. 초대교회처럼 예수께서 그리스도이심을 가르치도록 훈련하기 위해 필자가 만든 것이 '온가족튼튼양육의 제1과'이고, 전하도록 훈련하기 위해 만든 것이 '3분복음메시지'이다. 따라서 이를 반복하면 성도들이 예수는 그리스도라고 가르치고 전도함으로 '가서 제자 삼으라'는 주님의 마지막 명령에 순종하게 된다."

세미나를 마치고 나면 한 사람씩 돌아가며 세미나를 통하여 각자 깨달은 것과 각오를 발표하는 시간을 갖는다. 그런데 안타까운 것은 필자가 가장 강조한 것을 깨달았다고 말하는 사람은 거의 없다. 그러면 언제 그들이 필자의 의도를 깨닫게 될까? 필자의 강의를 여러 차례 반복해서 듣고 난 후다.

이런 현상은 예수님과 제자들의 관계에서도 쉽게 발견할 수 있다. 예수께서 수난예고, 즉 자신이 곧 죽임을 당하고 삼 일 만에 다시 살아날 것이라고 여러 차례 말씀하셨지만, 제자들은 이 말씀의 뜻을 제대로 깨닫지 못하고 서로 누가 높은가를 가지고 자리다툼을 벌였다.

그런데 언제 제자들이 예수께서 말씀하신 뜻을 깨달았는가? 예수께서 십자가에 못 박혀 죽으시고 다시 살아나신 후 제자들에게 자주 나타나셔서 자신이 부활하신 것을 가르치신 후다. 즉 반복해서 가르치신 후다. 특별히 엠마오로 향하던 두 제자를 보라. 그들은 예수께서 부활하신 것을 몰랐기 때문에 낙심 가운데 예루살렘에서 엠마오로 낙향하고 있었다. 그런데 예수께서 그들을 찾아가셔서 구약성경에 나타난 예수 그리스도의 십자가와 부활에 관한 예표를 찾아 반복해서 가르치시자, 예수께서 부활하신 것을 깨닫고 즉시 예루살렘으로 돌아가서 제자들에게 복음을 전하였다.

그리스도인이라면 누구나 예수께서 그리스도이심을 알고 있다. 그러나 이에 대한 깊이와 넓이와 높이는 천차만별이다. 그래서 바울은 "우리가 다 하나님의 아들을 믿는 것과 아는 일에 하나가 되어 온전한 사람을 이루어 그리스도의 장성한 분량이 충만한 데까지 이르리니"(엡 4:13)라고 말한 것이다. 예수께서 그리스도이심을 온전히 알아야 예수께서 그리스도이시라고 가르치고 전할 수 있기 때문에 그런 수준에 도달할 때까지 반복해서 훈련해야 한다.

셋째로, 모든 그리스도인을 복음 전도자로 만들기 위해서다.
어느 날 우연히 TV에서 돌고래 2마리가 조련사를 공중으로 밀어 올리는 점프 묘기를 선보이는 것을 보았다. 돌고래 공연이 끝난 후 기자가 조련사에게 물었다.

"어떻게 돌고래가 저렇게 묘기를 부릴 수 있습니까?"

조련사가 대답했다.

"돌고래를 훈련하는 과정에 위험이 따르지만 반복하니까 가능하게 되었습니다."

탤런트 겸 영화배우 고현정은 NEW SM5의 광고 방송에서 이렇게 말했다.

"나는 한 장면을 위해 10번이고 20번이고 같은 연기를 합니다. 조금의 차이가 큰 감동을 주기 때문이죠. 나는 압니다. 조금 더의 차이가 큰 차이라는 것을."

고현정 씨가 탑 클래스 연기자가 될 수 있었던 것은 반복훈련의 결과다.
〈나는 하나님의 영광을 위해 공부한다〉의 저자 지인환 씨가

미국 SAT 시험에서 1600점 만점(요즘은 2400점 만점)을 받아 하버드 의예과 전액 장학생이 될 수 있었던 것은 끊임없이 반복해서 공부했기 때문이다.

필자가 서울 성동구의 ○○○○교회에서 제자훈련 사역을 하고 있을 때였다. 하루는 40대 중반의 여집사가 찾아와서 이렇게 말했다.

"저는 중학교밖에 나오지 못해서 제자훈련을 받을 수 없습니다."

필자는 여 집사에게 이렇게 답했다.

"낙숫물이 바위를 뚫습니다. 그리고 한번 뚫린 구멍은 영원합니다."

여집사는 반복하여 훈련받고 유능한 사역자가 되었고 신학교를 졸업한 후 전도사가 되었고 지금은 그 교회에서 사역하고 있다. 그리스도인은 '가서 제자 삼으라'는 주님의 마지막 명령에 순종해야 한다. 그리고 전도하는 일에는 최고의 전문가가 되어야 한다.

어떻게 하면 그렇게 될 수 있을까? 초대교회의 사도들이 예수는 그리스도라고 가르치고 전하는 훈련을 반복한 것처럼, 예수께서 그리스도이심을 가르치고 전하는 것을 반복하면 된다. 반복하면 학력과 나이와 은사에 상관없이 누구든지 복음 전도자로 살아갈 수 있다.

넷째로, 복음 전도의 습관을 갖도록 하기 위해서다. 필자가 국내외에서 250여 회 D3목회자세미나(D3양육부흥회 포함)를 인도하면서 가장 크게 강조하는 것은 '가서 제자 삼으라'는 명령에 순종해야 한다는 것이다. 목회자든 평신도든 필자의 강의를 듣고 나면 모두 그렇게 하겠다고 결심한다. 그런데 실제로 그렇게 행하는 사람은 찾아보기 힘들다. 왜 이런 현상이 일어나는가? 여러 가지 이유가 있겠지만 가장 근본적인 것은 생각을 행동으로 바꾸려면 반복해야 하는데 그렇게 하지 않기 때문이다.

전옥표 씨는 삼성전자의 마케팅팀장을 역임하면서 수많은 제품의 마케팅 성공신화를 일구어낸 주역으로 가는 곳마다 동맥경화에 걸린 조직을 동사형 조직으로, 꼴등 조직을 1등 조직으로 만들어냈는데, 이렇게 할 수 있었던 이유를 그의 저서 〈이기는 습관〉에서 다음과 같이 밝히고 있다.

"성공을 하기 위해서는 열심히 일하는 것도 중요하지만 그보다는 이기는 습관을 가져야 한다."

마찬가지로 우리가 '가서 제자 삼으라'는 주님의 마지막 명령에 순종하려면 예수께서 그리스도이심을 가르치고 전하도록 반복적으로 훈련함으로 전도하는 습관을 가져야 한다.

다섯째로, 누구를 만나도 복음을 전하도록 하기 위해서다. 이스라엘은 블레셋과 전쟁할 때에 골리앗 장군의 출현으로 벌벌 떨고 있었다. 그런데 다윗이 블레셋 장군 골리앗과 싸우겠다고 나섰다. 당시 다윗은 소년 목동에 불과했고 골리앗은 전쟁터에서 잔뼈가 굵은 블레셋 최고의 장수였기 때문에 싸움의 상대가 되지 않았다. 그래서 골리앗은 그를 향하여 싸우러 나오는 다윗을 보고 "네가 나를 개로 여기고 막대기를 가지고 내게 나아왔느냐"(삼상 17:43)라고 했다.

그런데 어떻게 되었는가? 다윗이 골리앗의 목을 베었고 전쟁은 이스라엘의 승리로 끝났다. 이스라엘의 모든 군인들이 벌벌 떨었는데 어떻게 목동 다윗이 자신보다 두 배나 키가 큰 골리앗과 싸울 생각을 하고 결국은 물맷돌을 던져 쓰러뜨려 칼로 그의 목을 벨 수 있었는가? 그것은 다윗이 평소 물맷돌을 반복해서 던져서 곰과 사자를 쓰러뜨린 경험이 있었기 때문이다.

만일 다윗이 평소에 곰과 사자에게 물맷돌을 던지는 훈련을 하지 않았다면 그도 골리앗 앞에서 이스라엘 백성들처럼 두려움 가운데 벌벌 떨었을 것이고, 그와 맞서 싸울 생각조차 할 수 없었을 것이다. 반복이 다윗으로 하여금 골리앗을 향하여 물맷돌을 던지게 한 것이다. 반복이 창조를 낳은 것이다. 마찬가지로 우리가 예수는 그리스도라고 가르치고 전도하는 것을 반복하면 누구를 만나도 복음을 담대히 전할 수 있다.

필리핀은 오랫동안 여러 나라의 식민지 지배를 받아왔기 때문에 잘사는 사람이나 힘이 있는 사람 앞에서는 입 한번 뻥끗하지 못하는 경향이 있다. 그런데 김종태 선교사는 필리핀에서 D3전도중심제자훈련으로 평신도들을 훈련하여 2019년 한 해 동안에만 가정교회 21개와 오픈셀 35개를 개척하였는데, 매주 가정교회와 오픈 셀에 참석하는 자들이 400여 명에 이른다.

그가 그렇게 할 수 있었던 비결은 무엇인가? 평신도들에게 3분복음메시지를 1분 안에 암송할 정도로 반복훈련을 시켰기 때문이다. 그들이 입만 열면 무의식적으로 3분복음메시지를 말할 정도로 반복하자 누구를 만나든지 담대히 복음을 전함으로 평신도에 의해 그렇게 많은 가정교회가 개척된 것이다. 예수께서 그리스도이시라고 반복해서 가르치고 전하도록 훈련하면 누구를 만나도 복음을 증거할 수 있다.

여섯째로, 전도를 계속해야 하기 때문이다. 교회는 예수께서 전도하도록 세우신 공동체이기 때문에 주님께서 다시 오시는 그 날까지 계속해서 복음을 전해야 한다. 어떻게 하면 교회가 그렇게 할 수 있을까? 초대교회처럼 반복해서 예수는 그리스도라고 가르치고 전하는 것을 훈련하면 된다. 반복은 연계성을 내포하고 있기 때문에 예수께서 그리스도이시라고 반복해서 가르치고 전도하도록 훈련하면 중단하지 않고 계속해서 전도할 수 있다.

이스라엘 백성들이 나라를 잃고 2000년 동안이나 방황했지만, 여호와를 믿는 신앙을 지킬 수 있었던 이유는 무엇인가? 하나님께서 이스라엘의 모든 남자에게 매년 세 번씩 주 여호와께 보이라고 명령하셨기 때문이다(출 23:17). 즉 반복해서 세 절기(무교절, 맥추절, 수장절)를 지키게 하셨기 때문이다. 마찬가지로 교회가 예수께서 그리스도이시라고 반복하여 가르치고 전도하도록 훈련하면 세상 끝날까지 전도를 이어갈 수 있다.

초대교회는 집중훈련을 했다

초대교회의 사도들은 예수는 그리스도라고 가르치고 전하기를 그치지 않았다(행 5:42). 즉 사도들이 가르치고 전하도록 그치지 않고 훈련한 내용이 '예수는 그리스도이시다'라는 것이다. 이는 사도들이 '예수는 그리스도'라는 한 가지 주제에 집중해서 훈련했다는 것을 뜻한다.

제자훈련을 하는 사람마다 일반적으로 집중훈련을 강조한다. 그런데 그들이 말하는 집중훈련의 개념과 초대교회에서 말하는 집중훈련의 개념은 전혀 다르다. 전자는 한 사람에게 집중한다는 뜻이고, 후자는 예수는 그리스도라는 한 가지 주제에 집중한다는 뜻이다. 왜 초대교회는 훈련할 것이 많았을 텐데, 예수는 그리스도라는 한 가지 주제에 집중하여 가르치고 전하도록 훈런했을까?

 첫째로, 예수께서 거짓 메시아가 아니라 진짜 메시아이심을 깨달았기 때문이다. 제자들이 예수님을 3년간 쫓아다녔지만, 예수께서 그리스도이신 것을 온전히 깨닫지 못했다. 그래서 예수께서 체포되어 십자가에 처형당하시게 되자 모든 제자들이 예수님을 부인하고 도망했다. 심지어 예수께서 그리스도이시라고 고백했던 베드로마저도 예수님을 모른다고 부인하지 않았던가?

 그런데 어떻게 되었는가? 십자가에 못 박혀 죽으신 예수께서 말씀하신 대로 3일 만에 다시 살아나셨다. 예수께서 거짓 메시아로 저주를 받아 십자가에 못 박혀 죽으셨는데 다시 살아나셨다는 것은 무엇을 뜻하는가? 예수께서 거짓 메시아가 아니라 진짜 메시아라는 것이다. 그제야 제자들은 예수께서 그리스도이신 것을 깨닫고 날마다 예수는 그리스도라고 가르치고 전하기를 그치지 않았던 것이다.

 물론 우리는 유대인처럼 메시아 대망 사상을 갖고 있지 않다. 그러나 예수는 그리스도이시라고 가르치고 전하기를 그치지 말아야 하는 이유가 있다. 그것은 예수께서 모든 인류를 죄에서 구원해주신 메시아이시기 때문이다. 예수님만이 인간의 죄 문제를 해결해 주시는 구원자이시다. 따라서 예수는 그리스도라는 한 가지 주제에 집중해서 가르치고 전도하도록 훈련하는 것을 멈추지 말아야 한다.

둘째로, 예수는 그리스도라는 고백 위에 교회가 세워졌기 때문이다. 예수께서 제자들에게 "너희는 나를 누구라 하느냐"라고 물으시자 베드로는 "주는 그리스도시요 살아계신 하나님의 아들이시니이다"(마 16:16)라고 고백했다. 그러자 예수께서 "너는 베드로라 내가 이 반석 위에 내 교회를 세우리니 음부의 권세가 이기지 못하리라"(마 16:18)라고 하셨다.

예수께서 베드로의 '주는 그리스도이십니다'라는 신앙고백 위에 교회를 세우신 것은 어떤 의미가 있는가? 교회가 우선적으로 해야 할 일이 예수께서 그리스도이심을 전파하는 것이라는 뜻이다. 교회가 해야 할 일은 너무 많다. 내부적으로는 예배를 드려야 하고, 교육해야 하고, 교제해야 한다. 그리고 외부적으로는 봉사와 구제로 세상을 섬기고, 빛과 소금의 역할을 감당해야 한다. 그러나 이보다 우선해야 할 일은 예수께서 그리스도이심을 증거하는 것이다. 즉 성도들이 '가서 제자 삼으라'는 명령에 순종하도록 훈련하는 것이다.

초대교회의 사도들은 이런 사실을 이미 알고 있었기 때문에 날마다 성전에 있든지 집에 있든지 예수는 그리스도라고 가르치고 전도하기를 그치지 아니한 것이다.

셋째로, 성경의 핵심을 가르치고 전해야 하기 때문이다. 신구약성경은 예수께서 피 흘려 죽으시고 부활하심으로 우리를 죄에서 건져주신 그리스도라고 가르치고 있다. 예수께서도 친히 모든 성경이 자신을 증거한다고 말씀하셨다.

> 너희가 성경에서 영생을 얻는 줄 생각하고 성경을 연구하거니와 이 성경이 곧 내게 대하여 증언하는 것이니라 요 5:39

종교개혁자 마틴 루터는 이렇게 말했다.

"성경을 짜면 피가 나온다. 구약에는 소와 양과 비둘기인 짐승의 피가 흐르고, 신약에는 예수님의 피가 흐른다."

성경이 다루지 않는 주제는 없다. 태초부터 영원까지, 이 세상에서 저세상까지, 하늘과 땅의 모든 내용을 다루고 있다. 그런데 성경이 가장 중요하게 다루는 주제는 '예수께서 그리스도이시다'라는 것이다. 따라서 우리도 성경이 가장 중요하게 다루는 주제인 예수 그리스도를 가르치고 전해야 한다. 모든 성경이 예수께서 그리스도이시라고 증언하는데, 성경을 믿고 따르는 자들이 이보다 다른 것을 더 많이 가르치고 전한다는 것은 어불성설이다.

넷째로, 성령께서 하신 일을 우리도 해야 하기 때문이다. 성령께서 하시는 일은 매우 다양하다. 우리의 죄를 깨닫게도 하시고, 바른길로 인도하기도 하시고, 책망하기도 하시고, 소망을 주기도 하신다. 그런데 성령께서 가장 중요하게 여기시는 것은 예수께서 그리스도이심을 증언하는 것이다.

예수께서도 성령을 보내시는 이유를 말씀하셨다.

> 내가 아버지께로부터 너희에게 보낼 보혜사 곧 아버지께로부터 나오시는 진리의 성령이 오실 때에 그가 나를 증언하실 것이요   요 15:26

이 말씀은 한마디로 예수께서 성령을 이 세상에 보내시는 것은 자신을 증언하도록 하기 위해서라는 것이다. 또 예수께서 승천하시면서 "오직 성령이 너희에게 임하시면 너희가 권능을 받고 예루살렘과 온 유대와 사마리아와 땅끝까지 이르러 내 증인이 되리라 하시니라"(행 1:8)라고 말씀하신 것도 성령께서 이 세상에 오셔서 우선적으로 하시는 일이 예수께서 그리스도이심을 증언하는 것임을 말씀하신 것이다.

모든 그리스도인은 성령을 받았기 때문에 예수는 그리스도라고 담대히 증언해야 한다. 성령을 받았다고 말하지만, 예수는 그리스도이시라고 증언하지 않는 것은 성령받은 것을 스스로 부인하는 것이다.

다섯째로, 삶 속에서 예수께서 구원자이심을 누리기 위해서다. 그리스도인이라면 누구나 예수께서 구원자이심을 믿고 있다. 그런데 단지 이를 믿지만 말고 삶 속에서 구원을 누려야 한다. 즉 예수께서 구원자이심을 체험하는 삶을 살아가야 한다. 어떻게 하면 그렇게 할 수 있는가?

시편 기자는 이렇게 말한다.

> 환난 날에 나를 부르라 내가 너를 건지리니 네가 나를 영화롭게 하리로다
> 시 50:15

각종 문제 앞에서 간절히 기도하면 하나님께서 건져주심으로 구원을 경험할 수 있다. 그러나 기도를 통해서만 하나님의 구원을 경험할 수 있는 것이 아니다. 예수께서 그리도이심을 증거하면 자신이 직접 구원을 경험하고 이를 듣는 자가 구원받는 것을 봄으로 간접적으로 구원을 경험한다. 초대교회의 성도들이 환난 중에서도 신앙생활을 잘할 수 있었던 것은 날마다 예수는 그리스도라고 가르치고 전하는 훈련을 통하여 직간접적으로 구원을 경험했기 때문이다.

얼마 전 〈3시간 30분, 예루살렘에서 엠마오까지〉(안창천, 우리하나, 2019)가 출간되었다. 이 책은 엠마오로 낙향하던 두 제자가 어떻게 부활 신앙을 가지게 되었고 곧바로 예루살렘으로 되돌아가서 다른 제자들에게 복음을 전하게 되었는지를 밝힌 책이다.

필자는 그 이유를 한마디로 예수께서 엠마오로 가던 두 제자에게 찾아가셔서 '예수는 그리스도이시다'라는 한 가지 주제를

집중해서 가르치셨기 때문이라고 주장하고 있다. 마치 볼록렌즈에 햇빛을 모아 통과시키면 종이를 태울 수 있듯이, 예수 그리스도라는 한 가지 주제에 집중하여 훈련하면 실제로 예수께서 구원자이심을 삶 속에서 누리고 복음의 증인으로 살아갈 수 있다.

초대교회는 시연훈련을 했다

시연 훈련이란 '가서 제자 삼으라'는 명령에 순종할 수 있도록 건물 안에서 미리 훈련하는 것이다. 이는 마치 연극을 공연하기 전에 리허설을 하는 것과 같다. 초대교회의 사도들은 성도들이 가서 제자 삼을 수 있도록 성전과 집에서 예수는 그리스도라고 가르치고 전도하도록 훈련했다(행 5:42). 시연 훈련을 하면 어떤 유익이 있을까?

첫째로, 예수께서 그리스도이심을 온전히 깨닫는다. 그리스도인이라면 누구든지 예수께서 그리스도이신 것을 다 알고 있다. 그런데 이를 아는 깊이와 높이와 넓이는 사람마다 다르다. 바울이 "우리가 다 하나님의 아들을 믿는 것과 아는 일에 하나가 되어 온전한 사람을 이루어 그리스도의 장성한 분량이 충만한 데까지 이르리니"(엡 4:13)라고 말한 것을 통해 각자의 노력에 따라 예수께서 그리스도이심을 믿는 것과 아는 것에 차이가 있음을 알 수 있다.

당시 초대교회 공동체의 일원이 되기 위해서 공개적으로 예수는 그리스도이시라고 고백해야 했는데, 그런 과정에서 당하는 모든 시험과 박해를 물리쳐야 했기에 이미 교회에 들어온 자들은 보통 믿음을 가진 것이 아니었다. 그런데 왜 사도들은 그런 자들에게 예수는 그리스도라고 가르치고 전하도록 시연 훈련을 했을까? 그렇게 해야지만 그들이 예수께서 그리스도이심을 온전히 깨닫고 복음을 전하게 된다는 것을 알았기 때문이다.

그리스도인들이 예수께서 자신을 죄에서 건져주신 그리스도라고 믿지만 이를 증거하지 않는 것은 예수께서 그리스도이심을 온전히 깨닫지 못했기 때문이다. 한마디로 크리티컬 매스(임계 질량)에 도달하지 못했기 때문이다. 물이 끓으려면 비등점이 될 때까지 계속해서 가열해야 되듯이 복음을 전하려면 시연 훈련을 통하여 예수는 그리스도라는 확신이 차고 넘쳐야 한다. 단순히 예수는 그리스도이시라고 고백하는 믿음으로는 복음을 전할 수 없다는 사실을 알아야 한다.

둘째로, 복음을 탁월하게 가르치고 전할 수 있다. 시연 훈련의 내용은 크게 두 가지다. 하나는 예수께서 그리스도이심을 가르치는 것이다. 필자가 예수께서 그리스도이심을 가르치도록 훈련하기 위해 만든 것이 '온가족튼튼양육 1과'이기 때문에 이를 시연하면 누구를 만나도 잘 가르칠 수 있다. 다른 하나는 예수께서 그리스도이심을 전하는 것이다. 필자가 예수께서 그리스도이심을 전하도록 훈련하기 위해 만든 것이 '3분복음메시지'이기 때문에 이를 시연하면 누구를 만나든지 복음을 전할 수 있다.

단순히 성경공부만 하는 사역자 훈련은 머리를 크게 하고 영적으로 교만한 자를 양성하지만, 배운 것을 다른 사람에게 가르치고 전하도록 시연하면 복음을 탁월하게 가르치고 전하게 한다. 실험에 의하면 읽는 것의 10%, 듣는 것의 20%, 보는 것의 30%, 듣고 보는 것의 50%, 자신이 말하는 것의 70%, 자신이 행하는 것의 90%를 기억한다고 한다.

초대교회처럼 예수께서 그리스도이심을 가르치고 전하도록 반복해서 시연 훈련을 하면 현장에서 행하는 것과 동일한 효과가 있기 때문에 누구든지 '가서 제자 삼으라'는 명령에 온전히 순종한다.

셋째로, 복음을 담대히 전하게 된다. 일반적으로 사람들은 가까운 사람들과 대화하는 데는 별 부담을 느끼지 않지만 많은 사람 앞에서 말하는 데는 두려움을 느낀다. 왜 그럴까? 여러 가지 이유가 있겠지만 무엇보다 대중 앞에서 말하는 것을 훈련하지 않기 때문이다. 마찬가지로 우리가 전도해야 한다는 것을 알지만 그렇게 하지 못하는 이유는 다른 사람에게 전도하는 것을 훈련하지 않았기 때문이다.

초대교회의 평신도들이 세상에 나가 담대히 복음을 증거하였던 것은 성전에 있든지 집에 있든지 예수는 그리스도라고 가르치고 전도하는 것을 시연했기 때문이다. 복음을 현장에서 전하듯이 시연하면 누구를 만나든지 담대히 복음을 전할 수 있다. 성경공부만 하지 말고 현장에서 복음을 전하고 가르치는 것을 반복해서 시연해야 한다.

이처럼 초대교회의 사도들은 성전에 있든지 집에 있든지 예수는 그리스도라고 가르치고 전하도록 세 가지 방법, 즉 반복, 집중, 시연으로 훈련하였다. 그런데 세 가지 훈련은 셋이 아니라 하나이고 떼려야 뗄 수 없다. 왜냐하면 예수는 그리스도라는 한 가지 주제에 집중해서 반복해서 가르치고 전도하도록 시연하지 않으면 '가서 제자 삼으라'는 명령에 온전히 순종할 수 없기 때문이다. 초대교회처럼 반복, 집중, 시연으로 훈련하면 누구든지 가서 제자 삼을 수 있다.

예수는 그리스도라고 가르치고 전도한 내용은 무엇일까?

살펴본 바와 같이 사도들이 날마다 성전에 있든지 집에 있든지 예수는 그리스도라고 가르치고 전도하기를 그치지 않았다고 말씀하고 있는데, 과연 사도들이 성전에 가서 '예수는 그리스도다'라고 가르치고 전하고, 가정교회에 가서 단지 '예수는 그리스도다'라고 가르치고 전하기만 했을까? 단언컨대 그렇지 않다. 사도들이 단지 '예수는 그리스도다'라는 한마디를 가르치고 전하려고 날마다 성전과 가정교회에 갔다는 것은 어불성설이다.

그렇다면 사도들이 예수는 그리스도라고 가르치고 전하기를 그치지 않았다는 것은 구체적으로 무슨 의미인가? 한마디로 예수께서 그리스도이심을 설명하고 이를 다른 사람들에게 가르치고 전하도록 훈련했다는 뜻이다. 즉 비신자들이 예수님을 그리스도로 믿고 구원받도록 가르치고 전할 수 있도록 훈련했다는 것이다.

그런데 이렇게 하려면 두 가지 내용을 반드시 포함해야 한다.

첫째로, 상대방을 죄인이라고 시인하도록 설득시켜야 한다. 왜냐하면 성경에서 말하는 구원은 죄로부터의 구원이기에 상대방이 죄인인 것을 모르는 상태에서는 예수님을 믿으면 죄 사함을 받고 구원받는다고 말하면 이를 들으려고 하지 않기 때문이다.

둘째로, 복음을 전해야 한다. 복음의 문자적인 뜻은 기쁜 소식이다. 그리고 그 내용은 예수께서 우리의 죄를 대속하시기 위해 십자가에 못 박혀 죽으시고 부활하셨다는 것이다. 왜 이를 복음이라고 하는가? 모든 사람은 아담의 후손으로 죄인이라 죽어야 하고 죽은 다음에는 심판을 받아 지옥에 가야 하는데 예수께서 우리를 대신하여 십자가에 못 박혀 죽으시고 부활하심으로 지옥에 가서 영원히 고통을 당하지 않을 수 있게 되었기 때문이다.

그래서 필자는 '예수는 그리스도'라고 전하도록 훈련하기 위해 3분복음메시지를 만들었고, 가르치도록 훈련하기 위해 온가족튼튼양육의 1과를 만들었다(부록 참조). 따라서 누구든지 '3분복음메시지'와 '온가족튼튼양육 1과'를 반복해서 암송하면 '가서 제자 삼으라'는 명령에 순종할 수 있다.

QUESTION 07
초대교회는 왜 성전과 집에서 훈련했는가?

누가는 사도들이 성전에 있든지 집에 있든지 예수는 그리스도라고 가르치고 전하도록 반복해서 훈련했다고 소개한다(행 5:42). 사도들은 두 곳, 즉 성전과 집에서 성도들이 복음을 가르치고 전하도록 훈련했다. 그런데 오늘날은 성전과 집에서 복음을 가르치고 전하도록 훈련하지 않는다.

초대교회는 성전에서 복음을 가르치고 전하도록 훈련했다

사도들은 날마다 성전에서 예수는 그리스도라고 가르치고 전도하도록 훈련했다. 그들이 이렇게 할 수 있었던 것은 예수께서 성전에서 그렇게 하시는 것을 보았기 때문이다.

> 예수께서 날마다 성전에서 가르치시니 대제사장들과 서기관들과 백성의 지도자들이 그를 죽이려고 꾀하되   눅 19:47

> 하루는 예수께서 성전에서 백성을 가르치시며 복음을 전하실새 대제사장들과 서기관들이 장로들과 함께 가까이 와서   눅 20:1

성경은 예수께서 7차례나 예루살렘에 올라가셨다고 기록하고 있다(1차-눅 2:1-7, 2차-눅 2:41-43, 3차-요 2:13-20, 4차-요 5:1-3, 5차-요 7:10, 6차-요 10:22-23, 7차-눅 19:28-42). 그런데 예수께서 날마다 성전에서 백성을 가르치시고 전하신 것은 마지막으로 올라가셨을 때다. 즉 예수께서 십자가에 못 박혀 죽으시기 위해 예루살렘 성에 입성하셨을 때다.

예수께서는 주일에 입성하셔서 금요일 운명하시기까지 날마다 성전에서 백성을 가르치고 복음을 전하셨다. 제자들은 곁에서 예수께서 이렇게 하시는 것을 지켜보았다. 그리고 이를 본받아 날마다 성전에서 복음을 가르치고 전하는 것을 훈련한 것이다.

그런데 사도들이 단지 이런 이유만으로 예루살렘 성전에서 복음을 가르치고 전하도록 훈련한 것이 아니다. 또 다른 이유가 있다. 예수께서 십자가에 못 박혀 죽으시고 부활하셨다는 것과 죄 사함을 받게 하는 회개가 예루살렘으로부터 시작할 것을 말씀하셨기 때문이다.

> 또 이르시되 이같이 그리스도가 고난을 받고 제삼일에 죽은 자 가운데서 살아날 것과 또 그의 이름으로 죄 사함을 받게 하는 회개가 예루살렘에서 시작하여 모든 족속에게 전파될 것이 기록되었으니 너희는 이 모든 일의 증인이라 눅 24:46-48

사도들은 이 말씀을 기억하고 예루살렘 성전에서 예수는 그리스도라고 가르치고 전도하도록 훈련한 것이다. 즉 사도들은 예루살렘 성전이 복음의 출발점인 것을 알고, 바로 그곳에서 복음을 가르치고 전하도록 훈련한 것이다. 성전은 다른 무엇보다 예수는 그리스도라고 가르치고 전하도록 훈련하는 장이 되어야 한다.

그런데 우리의 현실은 어떠한가? 대부분의 교회가 예배 처소를 '가서 제자 삼도록' 훈련하는 장소보다는 주로 예배드리는 장소로 사용하고 있다. 이제 예배당(교회 건물)에서 하나님께 단지 예배만 드리지 말고 초대교회처럼 복음을 가르치고 전하도록 훈련해야 한다.

사도들은 집에서도 복음을 가르치고 전하도록 훈련했다

이스라엘 백성들은 하나님께서 성전을 중심으로 신앙생활을 하도록 명령하셨기 때문에 구약시대에는 광야의 성막과 솔로몬 성전과 스룹바벨 성전을 중심으로, 신약시대에는 예루살렘(헤롯) 성전을 중심으로 신앙생활을 하였다.

> 오직 너희의 하나님 여호와께서 자기의 이름을 두시려고 너희 모든 지파 중에서 택하신 곳인 그 계실 곳으로 찾아 나아가서 너희의 번제와 너희의 제물과 너희의 십일조와 너희 손의 거제와 너희의 서원제와 낙헌 예물과 너희 소와 양의 처음 난 것들을 너희는 그리로 가져다가 드리고 거기 곧 너희의 하나님 여호와 앞에서 먹고 너희의 하나님 여호와께서 너희의 손으로 수고한 일에 복 주심으로 말미암아 너희

와 너희의 가족이 즐거워할지니라   신 12:5-7

"하나님이 참으로 땅에 거하시리이까 하늘과 하늘들의 하늘이라도 주를 용납하지 못하겠거든 하물며 내가 건축한 이 성전이오리이까 그러나 내 하나님 여호와여 주의 종의 기도와 간구를 돌아보시며 이 종이 오늘 주 앞에서 부르짖음과 비는 기도를 들으시옵소서 주께서 전에 말씀하시기를 내 이름이 거기 있으리라 하신 곳 이 성전을 향하여 주의 눈이 주야로 보시오며 주의 종이 이 곳을 향하여 비는 기도를 들으시옵소서 주의 종과 주의 백성 이스라엘이 이곳을 향하여 기도할 때에 주는 그 간구함을 들으시되 주께서 계신 곳 하늘에서 들으시고 들으시사 사하여 주옵소서"   왕상 8:27-30

여호와께서 스알디엘의 아들 유다 총독 스룹바벨의 마음과 여호사닥의 아들 대제사장 여호수아의 마음과 남은 모든 백성의 마음을 감동시키시매 그들이 와서 만군의 여호와 그들의 하나님의 전 공사를 하였으니   학 1:14

예수는 감람 산으로 가시니라 아침에 다시 성전으로 들어오시니 백성이 다 나아오는지라 앉으사 그들을 가르치시더니   요 8:1-2

이스라엘 백성들에게 성전은 수천 년 동안 절대적인 의미가 있기 때문에 그들이 성전 밖에서 신앙생활을 한다는 것은 꿈에서도 생각할 수 없는 일이었다. 그런데 사도들은 성전뿐 아니라 집에서도 날마다 예수는 그리스도라고 가르치고 전하도록 훈련했다. 오직 성전중심의 신앙생활을 하던 자들이 이렇게 집에서도 복음을 가르치고 전하도록 훈련받은 것은 일종의 혁명과도 같은 것이다.

사도들이 훈련한 자는 누구인가?

앞서 살펴보았듯이 사도들이 날마다 예수는 그리스도라고 가르치고 전도하도록 훈련한 곳은 성전과 집이었다. 여기서 한 가지 생각해야 할 것이 있다. 사도들이 성전과 집에서 가르치고 전도하도록 훈련한 대상이 누구였냐는 것이다. 이를 알기 위해서는 당시 성전이 어떤 상황에 있었고, 집이 어떻게 사용되었는지를 알아보아야 한다.

당시 성전의 상황이 어떠했는지부터 알아보자. 사도들이 성도들을 훈련한 성전은 예루살렘에 있는 헤롯 성전이다. 헤롯 성전은 스룹바벨 성전이 B.C. 63-62년에 로마에 의해 완전히 파괴된 후 헤롯 대왕이 B.C. 20년경부터 재건하여 외형은 9년 만에 완성하였지만, 세부 공사는 A.D. 63년경에야 완공되었다. 즉 헤롯 성전은 약 80여 년에 거쳐 완공되었다.

혹자는 예수께서 "너희가 이 성전을 헐라 내가 사흘 동안에 일으키리라"(요 2:19)라고 하셨을 때, 유대인들이 "이 성전은 사십육 년 동안에 지었거늘 네가 삼 일 동안에 일으키겠느냐"(요 2:20)고 말한 것에 근거하여 약 34년이나 차이가 나기 때문에 성경이 오류를 범했다고 주장한다. 그런데 여기서 말하는 성전은 지성소를 뜻하기 때문에 실제로 성전을 완공하는 데는 그보다 훨씬 더 많은 기간이 소요되었으므로 오류가 아니다.

초기에는 헤롯 성전을 사용하는 데 기독교와 유대교 사이에 아무런 갈등이 없었다(행 2:14-43). 그러나 얼마 가지 않아 유대 종교지도자들이 베드로와 요한 등과 같은 초대교회의 지도자들을 핍박하기 시작하였고(행 5:17-41), 두 종교 간에 잦은 갈등이 발생하였다. 그래도 A.D. 70년경 로마의 티투스 장군에 의해 헤롯 성전이 완전히 파괴를 당하기 전까지는 두 종교가 함께 사용하고 있었다.

그렇다면 사도들이 성전에서 예수는 그리스도라고 가르치고 전하도록 훈련한 대상은 누구였을까? 유대교도이거나 기독교도 중의 하나다. 그런데 당시는 이미 유대교가 기독교를 박해하고 있었기 때문에 사도들이 훈련한 자들은 이미 구원받은 성도들이다. 혹자는 성전에 비신자들도 그중에 있었을 것이라고 주장하지만 그들이 구원받은 확신이 없는데 어떻게 박해를 받으면서 성전에서 예수는 그리스도라고 가르치고 전하도록 훈련을 받았겠는가?

당시 집이 어떻게 사용되고 있었는지도 알아보자. 사도들이 성전뿐 아니라 집에서도 예수는 그리스도라고 가르치고 전하도록 훈련했는데, 여기서 말하는 '집'은 어떤 곳인가? 성경 해석에 있어서 가장 기본적인 원리는 성경으로 성경을 해석하는 것이다. 누가는 바울이 다메섹 도상에서 예수님을 만나기 전 그리스도인들을 핍박하기 위해 교회를 잔멸했는데, 이때 그가 들어간 곳이 '각 집'이라고 알려준다.

> 사울이 교회를 잔멸할새 각 집에 들어가 남녀를 끌어다가 옥에 넘기니라
> 행 8:3

바울이 그리스도인을 박해하기 위해서 찾아간 곳은 건물교회가 아니라 일반 가정집이었다. 즉 사도들이 예수는 그리스도라고 가르치고 전도하도록 훈련한 집은 가정교회였음을 알 수 있다. 당시 교회가 가정교회의 형태를 갖고 있었다는 것은 성경이나 역사적인 자료를 통해 얼마든지 확인할 수 있다(참조, 행 12:5; 12, 롬 16:5). 그런데 교회는 구원받은 자들의 공동체이기 때문에 가정교회에 모인 자들은 모두 기신자들이다. 따라서 사도들이 집에서 예수는 그리스도라고 가르치고 전도하는 것을 훈련한 대상은 비신자가 아니다.

혹 가정교회에 구원받지 못한 자들이 참석했을 수도 있다. 그러나 초대교회의 사도들이 집에서 예수는 그리스도라고 한두 번만 가르치고 전하도록 훈련한 것이 아니기 때문에 비신자였

을지라도 반복해서 복음을 듣는 과정에서 예수께서 자신의 죄를 대신하여 십자가에 못 박혀 죽으시고 부활하신 사실을 믿고 구원받았을 것이다.

이렇게 사도들이 이미 구원받은 자들에게 예수는 그리스도라고 가르치고 전하도록 훈련한 것을 통하여 무엇을 깨달아야 하는가? 우리가 복음을 먼저 가르치고 전해야 할 대상은 새신자가 아니라 기신자라는 것이다. 따라서 비신자에게만 복음을 전하려고 하지 말고, 먼저 이미 구원받은 자에게 가르치고 전하도록 훈련해야 한다. 그렇게 해야 그리스도인들이 '가서 제자 삼으라'는 주님의 명령에 순종하는 삶을 살아갈 수 있다.

그리스도인은 단지 예배드리는 것으로 만족하지 말고 예수는 그리스도라고 가르치고 전하도록 훈련받아 '가서 제자 삼으라'는 주님의 마지막 명령에 순종하며 살아가야 한다.

왜 사도들은 집에서도 훈련했을까?

예수께서 마지막으로 제자들에게 '가서 제자 삼으라'고 하셨지, '집에서' 예수는 그리스도라고 가르치고 전하도록 훈련하라고 말씀하시지 않았다. 또 사도들이 성도들에게 예수는 그리스도라고 가르치고 전도하도록 훈련할 당시는 예루살렘 성전이 버젓이 건재하고 있었다. 그런데 왜 사도들이 성전뿐 아니라 집에서도 예수는 그리스도라고 가르치고 전하도록 훈련했을까?

필자는 크게 두 가지 이유 때문이라고 생각한다.

첫째로, 예수께서 성전이 곧 무너질 것을 말씀하셨기 때문이다. 하루는 예수께서 성전에서 나오셔서 가실 때에 제자 중 하나가 이렇게 물었다.

> 선생님이여 보소서 이 돌들이 어떠하며 이 건물들이 어떠하니이까
> 막 13:1, 참조 마 24:1-2

그러자 예수께서 이렇게 말씀하셨다.

> … 네가 이 큰 건물들을 보느냐 돌 하나도 돌 위에 남지 않고 다 무너뜨려지리라
> 막 13:2, 참조 마 24:1-2

예수께서 이렇게 말씀하신 대로 A.D. 70년 로마의 티투스 장군이 예루살렘 성전을 파괴함으로 그대로 성취되었다. 성전이 파괴되어 무너지면 자연스럽게 돌 위에 돌이 겹치게 마련인데 어떻게 예수께서 말씀하신 대로 돌 위에 돌 하나 남지 않고 성전이 무너지게 되었는가? 로마 군인들이 예루살렘 성전을 지을 때 금이 많이 사용되었다는 이야기를 듣고서 금붙이를 찾으려고 돌 위에 놓인 돌들을 다 뒤집었기 때문이다.

그런데 장차 예루살렘 성전이 무너진다는 것은 무엇을 의미

하는가? 성도들이 성전에서 할 수 있는 일을 계속해서 할 수 없게 된다는 것이다. 즉 성전에서 예수는 그리스도라고 가르치고 전하도록 훈련한 것을 하지 못하게 된다는 것이다. 그래서 사도들은 성전이 파괴된 후에도 성전에서 하던 일을 계속할 수 있도록 집에서도 예수는 그리스도라고 가르치고 전하도록 훈련한 것이다.

둘째로, 앞으로 불어닥칠 박해를 준비하기 위해서다. 예수께서 여러 차례 제자들에게 환난을 당하게 된다고 말씀하셨다.

> 그 때에 사람들이 너희를 환난에 넘겨 주겠으며 너희를 죽이리니 너희가 내 이름 때문에 모든 민족에게 미움을 받으리라   마 24:9

> 그 날에는 아이 밴 자들과 젖먹이는 자들에게 화가 있으리니 이는 땅에 큰 환난과 이 백성에게 진노가 있겠음이로다   눅 21:23

> 이것을 너희에게 이르는 것은 너희로 내 안에서 평안을 누리게 하려 함이라 세상에서는 너희가 환난을 당하나 담대하라 내가 세상을 이기었노라   요 16:33

당시 로마 제국은 알렉산더 대왕처럼 피정복민의 종교나 문화에 대해서는 관대한 정책을 폈으나 기독교에 대해서만큼은 그렇게 하지 않았다. 왜냐하면 크게 두 가지 이유 때문이었다. 첫째는 로마 제국이 종교 혼합정책을 사용했는데 기독교는 유일신을 섬기고 다른 신을 인정하지 않았기 때문이다. 둘째는 로마가 황제를 신으로 숭배하는 법을 만들었는데 기독교는 이를 인정하지 않았기 때문이다.

그래서 네로(Nero, 64)로부터 시작된 로마의 기독교 박해는 도미티안(Domitian, 90-96), 트라잔(Trajan, 98-117년), 하드리안(Hadrian, 117-138년), 마르쿠스 아우렐리우스(Marcus Aurelius, 161-180년), 셉티무스 세베루스(Septimus Severus, 202-211), 막시미누스(Maximinus, 235-236), 데키우스(Decius, 249-251년), 발레리안(Valerian, 257-260년), 디오클레티안(Diocletian, 303-311)을 거쳐 콘스탄틴(Constantinus)이 313년 밀라노칙령을 선포하기까지 계속되었다.

사도들은 오랫동안 박해를 받는 상황에서는 성전에서 신앙생활을 할 수 없음을 알고 집에서 예수는 그리스도라고 가르치고 전하도록 훈련하여 기독교를 이어간 것이다.

교회는 환난을 준비해야 한다

필자는 2019년 북아프리카 튀니지에 D3전도중심제자훈련세미나를 인도하러 갔다가 신약성경을 정경으로 공인한 카르타고와 셉티무스 세베루스 황제 때에 순교를 당한 퍼페투아(Perpetua)와 펠리시타스(Felicity)의 시신이 안치된 무덤을 답사

했다. 우리를 안내한 선교사로부터 두 사람에 관한 순교에 얽힌 이야기를 전해 들었다.

퍼페투아는 젖먹이 아이를 둔 상류층의 여인이었고 펠리시타스는 그녀의 노예였다. 두 여인 모두 혹독한 박해에도 예수님을 부인하지 않고 끝까지 믿음을 지켰다. 결국 퍼페투아와 펠리시타스는 들소에 의해 받혀 죽게 되었는데, 퍼페투아가 짐승들에 의해 여기저기 찢긴 상태에서 집행자들에게 이렇게 말했다.

"머리가 풀어진 것은 슬픔과 애통의 상징인데, 오늘은 나의 주 예수 그리스도를 만나는 내 인생의 가장 기쁜 날이기 때문에 나의 풀어진 머리를 가다듬게 해주십시오."

그 후에 곧바로 짐승들이 천지를 찢는 소리를 내며 두 사람에게 덤벼들었는데 이상한 일이 일어났다. 그 짐승이 달려들어 앞발로 한 번은 할퀴었지만 더는 달려들어 두 사람을 물어 삼키지를 않고 그들의 주변을 빙빙 돌기만 하였다. 마지막으로 두 여인은 피를 흘리면서 작별의 입맞춤을 한 후 경기장 한가운데서서 칼에 찔려 죽임당했다.

이런 박해는 단지 셉티무스 세베루스 때만 있었던 것이 아니다. 앞서 언급한 바와 같이 네로부터 콘스탄틴이 밀라노칙령을 선포하여 기독교를 합법적인 종교로 공인하기까지 무려 수백 년 동안 지속되었다. 이런 박해 이야기는 이루 글로 표현할 수 없을 정도로 많다. 그런데 어떻게 그리스도인들이 그토록 오랫동안 박해를 견디고 믿음을 지킬 수 있었을까? 무엇보다도 하나님께서 그들에게 핍박을 견딜 수 있도록 힘과 능력을 공급하셨기 때문이다. 한마디로 하나님의 은혜가 그들이 당하는 박해보다 더 컸기 때문이다.

그러나 그들이 하나님의 은혜로만 박해를 견딘 것이 아니다. 장차 불어닥칠 환난을 대비하여 사도들이 가정교회를 만들어서 핍박자들의 눈을 피해가며 신앙생활을 했기 때문이다. 우리가 알다시피 1966년부터 1976년까지 10년간 중국에서 영적으로 최대 암흑기라고 할 수 있는 문화대혁명이 있었다. 문화대혁명은 당시 공산당 주석으로 최고 지도자였던 모택동의 선동으로 시작된 사회주의운동이다.

당시 사회혁명 주체세력인 홍위병(紅衛兵)들은 4구(舊), 즉 구사상, 구문화, 구습관, 구풍속 등의 타파를 외치며 각종 문화재와 건물을 파괴하였다. 이 과정에서 많은 그리스도인들이 단지 기독교를 믿는다는 이유 하나로 극심한 비판과 노동 개조형에 처해졌고, 심지어 중국 정부의 인가를 받아 운영되던 삼자교회도 박해를 당했다. 교회는 폐쇄되거나 공장이나 창고 등 다른 용도로 전용되었고, 교회부지와 부속 건물 등 많은 재산을 몰수당했다. 또 성경이 몰수되어 불태워졌고 교회의 모든 집회가 금지당했다. 그래서 중국 내 교회는 모두 사라진 것같이 보였다.

그런데 문화대혁명 이후 40여 년이 지난 지금, 중국 기독교는 어떻게 되었는가? 약 1억 2,000명이 넘는 그리스도인을 갖고 있다. 어떻게 교회의 건물이 파괴되고 성경이 모두 불태워진 상황에서 이토록 그리스도인이 증가하게 되었는가? 크게 두 가지 이유 때문이다.

하나는, 문화대혁명이 있기 전에는 중국교회가 동부의 황해바다를 끼고 발달한 도시들에 집중되어 있었는데, 농촌 하방 정책으로 동부 해안지역으로부터 내몽고지역과 서쪽의 끝 신장에 이르기까지 전국으로 흩어져서 복음을 증거하였기 때문이다.

다른 하나는, 가정교회를 통해서 복음을 증거했기 때문이다. 문화대혁명의 박해를 받는 중에도 교회가 부흥할 수 있었던 것은 중국교회가 가정교회로 전환했기 때문이다. 최근에도 시진핑 주석이 조례를 개정하여 가정교회를 본격적으로 핍박하고 있다. 그러나 이런 가운데서도 가정교회는 점점 부흥해가고 있다.

세계적인 복음주의 선교단체인 '오픈 도어'는 세계에서 가장 기독교 박해 지수가 높은 나라가 북한이라고 말한다. 북한에서 신앙생활을 하다가 발각이 되면 노동 교화에 처하거나 처형을 당한다. 그런데 이런 상황에서도 북한의 지하교회 신도가 약 13만 5천 명이고, 지하교회는 1천 개가 넘는다고 한다(모퉁이돌 선교회, OOO목사). 종교 탄압이 극심한 상황에서도 이렇게 북한의 신도 수가 늘고 있는 이유는 무엇인가? 지하교회 때문이다.

라토렛(Kenneth Scott Latourette)은 그의 저서 〈기독교 역사〉에서 교회사의 순환 과정을 세 시기 즉, 박해 시기, 부흥과 평화 시기, 분열과 이단의 번성 시기로 구분하였다. 지금 한국교회는 어느 시기에 있는가? 분열과 이단의 번성 시기에 놓여 있다. 따라서 곧 박해 시기, 즉 환난을 맞이하게 된다.

예수께서는 이미 재림하시기 전 큰 환난이 불어닥칠 것을 말씀하셨다(마 24:1-29). 환난이 닥치면 건물교회를 통해서는 신앙생활을 할 수 없다. 가정교회를 통해서만 신앙생활이 가능하다. 가정교회는 환난 시대에도 하나님의 나라를 확장시키는 유일한 수단이고 통로이다.

주의 재림의 날이 점점 가까이 다가오고 있다. 주님께서 재림하시기 전 반드시 환난을 겪어야 하므로 교회는 환난을 통과해야 할 준비를 해야 한다. 단지 깨어 기도하거나 전도만 해서는 안 된다. 초대교회처럼 집에서도 예수는 그리스도라고 가르치고 전하도록 훈련할 수 있는 평신도사역자를 세워야 한다.

우리가 전 세계를 다니면서 선교사들과 현지 목회자들과 평신도들을 대상으로 제자훈련을 하는 것은, 곧 불어닥칠 환난에 대비하여 초대교회처럼 가정교회를 이끌어갈 수 있는 평신도사역자를 세우기 위해서다.

QUESTION 08
초대교회는 어떤 상황에서 훈련했는가?

　초대교회는 날마다 성전에 있든지 집에 있든지 예수는 그리스도라고 가르치고 전하도록 훈련했다. 그런데 초대교회가 이렇게 훈련할 때 교회 밖에서는 어떤 일이 벌어지고 있었는가? 유대교가 초대교회를 핍박하고 있었다. 한마디로 초대교회는 평안한 가운데서 훈련한 것이 아니라 핍박받는 상황에서 훈련한 것이다. 교회는 어떤 이유로든 예수는 그리스도라고 가르치고 전하도록 훈련하는 일을 멈추지 말아야 한다.

초대교회는 유대교로부터 극심한 박해를 받았다

　기독교는 박해로 인한 순교의 피로 세워졌기 때문에 기독교와 박해는 떼려야 뗄 수 없다. 한마디로 기독교 역사는 박해의 역사라 해도 과언이 아니다. 초대교회 당시 다양하게 박해를 받았다. 크게 세 가지, 즉 유대교로부터, 이방 민족들로부터, 로마제국으로부터 박해를 받았다. 그러나 본서는 기독교 초기에 일어난 박해를 주로 다루기 때문에 유대교에 의한 박해에 대해서만 언급한다.

　유대인들은 조상 대대로 전승되어 온 메시아 대망 사상을 품고 살았다. 그들은 다윗과 같은 메시아가 나타나서 로마의 억압에서 자신들을 구원해 줄 것을 믿고 있었다. 그런데 마침 예수라는 자가 나타나서 병든 자를 고쳐주고, 귀신을 쫓아내고, 죽은 자를 살리고, 오병이어의 기적 등을 행하자 수많은 사람이 그를 메시아로 생각하고 추종하였다.

이런 현상은 당시 유대교 종교지도자들인 대제사장과 바리새인과 서기관들의 시기와 질투심을 자극하기에 충분했다. 게다가 예수께서 자신을 하나님과 동등시하자 유대교 지도자들의 분노는 극에 달하였다. 그래서 그들은 로마 정부와 손을 잡고 예수님을 십자가형으로 처형하였다. 예수께서 십자가에 못 박혀 처형을 당하시자 예수님의 제자들마저도 예수께서 거짓 그리스도로서 하나님께 저주를 받아 십자가에 처형을 당하신 것으로 반신반의하며 뿔뿔이 흩어졌다.

그런데 예수께서 말씀하신 대로 십자가에 못 박혀 죽으셨지만 3일 만에 다시 살아나셔서 제자들에게 나타나셨다. 그러자 제자들은 예수께서 거짓 메시아가 아니고 진짜 메시아이심을 깨닫고 예수께서 그리스도이시라고 전파하기 시작하였다. 이에 그리스도를 추종하는 자들이 본토 유대 사회뿐 아니라 디아스포라 유대인 사회에서도 급속히 늘어남으로 사회적인 갈등을 야기하였다. 그리고 마침내 다음과 같이 고민하는 자들이 생겼다.

'예수님을 거짓 그리스도로 믿을 것인가? 진짜 그리스도로 믿을 것인가?'

이 과정에서 유대교에 계속 머무는 자들이 있는가 하면, 기독교로 개종하는 자들이 있었는데 유대교에 남아 있는 자들이 기독교로 개종한 자들을 반역자로 몰아 증오하고 적대시하므로 박해가 불가피했다. 그러나 유대교와 기독교의 갈등은 단지 예수를 그리스도로 믿을 것인지 아닌지를 인하여 발생한 것이 아니다. 그에 못지않은 여러 가지 갈등 요인이 있었다.

첫째로, 신관이 전혀 달랐기 때문이다. 기독교는 삼위일체 신관을 가진 데 반하여, 유대교는 유일 신관을 가지고 있다. 즉 기독교는 하나님과 예수님과 성령님을 모두 한 하나님으로 믿지만, 유대교는 오직 한 하나님만을 믿는다. 이처럼 유대교의 신관과 기독교의 신관이 전혀 달랐기 때문에 유대교 유대인들이 기독교 유대인들을 원수로 생각하고 박해하였다.

둘째로, 구원관이 전혀 달랐기 때문이다. 당시 유대교는 안식일 준수 등 모세의 율법을 지켜야 의롭게 되고 구원받을 수 있다고 가르친 데 반하여, 기독교는 율법을 지킴으로는 구원받을 수 없고 오직 예수 그리스도를 믿어야만 구원받을 수 있다고 가르쳤다(엡 2:8-9). 즉 유대교는 행함으로 구원을 받는다고 가르쳤지만, 기독교는 믿음으로 구원을 받는다고 가르쳤다. 이처럼 구원관이 전혀 달랐기 때문에 기독교를 방치할 경우 유대교 선교에 큰 방해가 된다고 생각하여 기독교를 박해하였다.

셋째로, 선민사상에 대한 견해가 전혀 달랐기 때문이다. 당시 유대교 유대인들은 수천 년간 조상 대대로 계승되어 온 선민사상을 견지하고 있었다. 그들만이 하나님의 택한 백성이라는 자부심과 긍지로 살아가고 있었다. 반면에 기독교 유대인들은 오직 유대민족만이 하나님의 택한 백성이 아니라 예수 그리스도를 믿으면 누구나 하나님의 택한 백성이 된다고 가르쳤다. 즉 유대인들은 하나님을 오직 히브리 민족의 신으로만 믿는 데 반하여 기독교인들은 하나님을 세계적인 신으로 믿고 있었다. 따라서 유대교 유대인들은 자신들과 전혀 다른 주장을 하는 기독교 유대인들을 몹시 증오하고 박해하였다.

넷째로, 역사 해석에 큰 차이가 있었기 때문이다. 초기 기독교는 오직 복음 전파에 주력하였기 때문에 로마 정부를 직접 자극하지 않았지만, 유대교는 로마의 속국에서 벗어나기 위해 기회만 있으면 저항하여 로마의 심기를 불편하게 하였다. 그러자 로마의 티투스 장군이 A.D. 70년경 예루살렘을 공격하고 성전을 파괴하였다. 그런데 이렇게 성전이 파괴되고 민족적 비극의 종말을 맞이하게 된 것에 대해 기독교와 유대교의 해석이 전혀 달랐다. 기독교인들은 하나님께서 보내신 메시아를 영접하지 않고 십자가에 처형한 유대교인들에게 잘못이 있다고 생각한 데 반하여, 유대교인들은 거짓 메시아를 하나님으로 잘못 믿고 있는 기독교인들 때문이라고 생각했다.

이렇게 예루살렘 성전의 붕괴에 대한 다른 해석으로 서로 적대 관계에 있던 중, 바리새인으로 구성된 유대교 의회가 고대 팔레스티나의 도시인 얌니아에서 그리스도인의 유대교 회당 출입을 일체 용납하지 못하도록 결의하였다. 그리고 유대인들이 회당예배 때마다 바치는 기도문 가운데 12조 항에 그리스도인들을 저주하는 특별기도문을 삽입시켜서 회당예배 시마다 그리스도인에게 저주를 퍼붓게 하였다. 결국에는 A.D. 85년경 기독교를 공식적으로 파문함으로 완전히 결별하게 되었고, 유대교의 기독교 박해는 로마 제국의 기독교 박해와 함께 더욱더 거세지게 되었다.

초대교회는 박해 가운데서도 제자훈련을 했다

이미 언급했듯이 초대교회는 성도들이 예수는 그리스도라고 가르치고 전하도록 훈련할 때에 유대교로부터 박해를 받고 있었다. 누가는 초대교회가 박해받았을 당시의 상황을 구체적으로 알려준다.

> 그들이 듣고 크게 노하여 사도들을 없이하고자 할새 바리새인 가말리엘은 율법교사로 모든 백성에게 존경을 받는 자라 공회 중에 일어나 명하여 사도들을 잠깐 밖에 나가게 하고 말하되 이스라엘 사람들아 너희가 이 사람들에게 대하여 어떻게 하려는지 조심하라 이 전에 드다가 일어나 스스로 선전하매 사람이 약 사백 명이나 따르더니 그

가 죽임을 당하매 따르던 모든 사람들이 흩어져 없어졌고 그 후 호적할 때에 갈릴리의 유다가 일어나 백성을 꾀어 따르게 하다가 그도 망한즉 따르던 모든 사람들이 흩어졌느니라 이제 내가 너희에게 말하노니 이 사람들을 상관하지 말고 버려 두라 이 사상과 이 소행이 사람으로부터 났으면 무너질 것이요 만일 하나님께로부터 났으면 너희가 그들을 무너뜨릴 수 없겠고 도리어 하나님을 대적하는 자가 될까 하노라 하니 그들이 옳게 여겨 사도들을 불러들여 채찍질하며 예수의 이름으로 말하는 것을 금하고 놓으니 사도들은 그 이름을 위하여 능욕 받는 일에 합당한 자로 여기심을 기뻐하면서 공회 앞을 떠나니라

행 5:33-41

유대교 박해자들은 감옥에 가두었던 자들이 나가서 복음을 전하자 그들을 다시 잡아다가 공회 앞에 세우고 결국에는 죽일 계획까지 세웠다. 그러나 가말리엘의 말을 듣고 설득당해 그런 계획을 포기하고 다만 채찍질하고 복음을 전하지 못하도록 위협하며 풀어주었다. 이에 사도들은 예수의 이름을 위하여 능욕 받는 것을 기뻐하고 공회 앞을 떠나 교회로 돌아왔다.

한마디로 그들은 제자훈련을 할 상황이 아니었다. 그러나 그들은 날마다 성전에 있든지 집에 있든지 예수는 그리스도라고 가르치고 전하도록 훈련했다. 그들은 얼마든지 핑계를 대고 제자훈련을 하지 않을 수 있었다. 그러나 그들은 핑계를 선택하지 않고 제자훈련을 했다.

사도들이 박해 가운데서도 이렇게 제자훈련을 한 이유는 무엇일까?

첫째는 주님께서 마지막으로 그들에게 '가서 제자 삼으라'고 당부하셨기 때문이다.

> 그러므로 너희는 가서 모든 민족을 제자로 삼아 아버지와 아들과 성령의 이름으로 세례를 베풀고 내가 너희에게 분부한 모든 것을 가르쳐 지키게 하라 볼지어다 내가 세상 끝날까지 너희와 항상 함께 있으리라 하시니라 마 28:19-20

성경에는 수많은 명령이 있다. 성경에 나온다고 다 같은 명령이 아니다. 더 중요한 명령이 있는가 하면, 보다 덜 중요한 명령이 있다. 이는 예수님과 율법사의 대화를 통해서 알 수 있다. 하루는 한 율법사가 예수께 나아와 시험하여 다음과 같이 물었다.

> 선생님 율법 중에서 어느 계명이 크니이까 마 22:36

이에 예수께서 어떻게 대답하셨는가?

> 네 마음을 다하고 목숨을 다하고 뜻을 다하여 주 너의 하나님을 사랑하라 하셨으니 이것이 크고 첫째 되는 계명이요 둘째도 그와 같으니

> 네 이웃을 네 자신 같이 사랑하라 하셨으니 이 두 계명이 온 율법과 선지자의 강령이니라
>
> 마 22:37-40

예수님의 대답을 통하여 무엇을 알 수 있는가? 예수께서도 큰 계명과 작은 계명을 구분하셨다는 것이다. '가서 제자 삼으라'는 명령은 주님의 마지막 명령으로 가장 중대한 명령이다. 따라서 다른 명령에는 순종하지 못해도 이 명령에는 반드시 순종해야 한다.

둘째는 '가서 제자 삼으라' 고 명령하신 분이 어떤 분이신지를 알았기 때문이다. 예수께서 제자들에게 '가서 제자 삼으라'고 명령하시기 전, 자신을 어떻게 소개하셨는가?

> 예수께서 나아와 말씀하여 이르시되 하늘과 땅의 모든 권세를 내게 주셨으니
>
> 마 28:18

예수께서는 하늘과 땅의 모든 권세를 갖고 계신 분이시다. 예수께서 공생애 동안 죽은 자도 살리시고, 귀신을 쫓기도 하시고, 각종 기적을 행하시기도 하셨다. 그러나 예수께서 공생애 동안에 사용하셨던 힘과 능력은 십자가에 죽으시고 부활하신 후에 사용하신 권세와 능력과는 비교가 되지 않는다. 공생애 동안 사용하신 힘과 능력은 제한적이었지만 부활하신 후에 사용

하신 권세와 능력은 무제한적이다.

　예수께서 이렇게 자신이 하늘과 땅의 모든 권세를 가지셨다고 말씀하신 것은 그분이 만왕의 왕이심을 온 천하에 드러내신 것이다. 즉 예수께서 전능하신 하나님이심을 말씀하신 것이다. 사도들이 언제 죽임을 당할지도 모르는 상황에서 예수는 그리스도라고 가르치고 전하도록 성도들을 훈련한 것은 '가서 제자 삼으라'고 명령하신 분이 누구신지를 알았기 때문이다.

　제자훈련을 하지 않는 핑곗거리는 얼마든지 있다. 훈련자는 훈련시킬 대상이 없다거나 훈련시킬 시간이 없다고 할 수 있고, 피훈련자는 당장 먹고사는 일로 바쁘다거나 가방끈이 짧다거나 꼭 제자훈련을 받아야 신앙생활을 잘할 수 있느냐는 등 얼마든지 핑계를 댈 수 있다. 그러나 이 명령을 하신 분이 전능하신 하나님이심을 정말 안다면 어떻게 핑계를 대고 불순종하겠는가?

제자훈련을 멈추면 세계 복음화도 멈춘다

　살펴보았듯이 어렵고 힘든 상황에서도 제자훈련을 해야 하는 이유는 분명하다. 즉 예수께서 마지막으로 '가서 제자 삼으라'고 명령하셨고, 이를 명령하신 예수께서 만왕의 왕이시기 때문이다. 그런데 우리가 단지 이런 이유만으로 박해 가운데서도 제자훈련을 해야 하는 것이 아니다. 그와 함께 실제적인 이유가 있다. 그것은 전도를 하되 제자훈련을 해야 계속해서 전도를 효과적으로 할 수 있기 때문이다. 따라서 제자훈련을 멈춘다는 것은 곧 계속적이고 효과적인 전도가 멈추게 된다는 것을 뜻한다.

필자가 국내외에서 목사와 선교사와 평신도사역자를 대상으로 제자훈련을 할 때 빠지지 않고 하는 말이 있다.

"페달을 밟지 않으면 아무리 좋은 자전거라도 쓰러진다."

필자는 이를 '페달 원리'라고 칭한다. 아무리 좋은 자전거라 할지라도 계속해서 페달을 밟지 않으면 쓰러지게 되듯이 제자훈련을 계속하지 않으면 지속적이고 효과적인 전도는 멈추게 된다.

몇 해 전 제자훈련차 두바이에 갔다. 훈련을 마친 후 선교사의 안내로 잠시 세계적인 쇼핑센터로 알려진 두바이 몰에 들렀다. 몰을 둘러보던 중 쇼윈도에 진열된 시계가 한눈에 들어왔다. 지금껏 그렇게 멋진 시계를 본 적이 없었다. 기존의 시계와는 비교가 되지 않을 정도로 외관 디자인이 특이했다. 마침 시계가 없던 터라 저렴하면 사려고 가격을 물었다. 판매자가 이렇게 말했다.

"40만 달러입니다(Four hundred thousand dollars)."

필자는 귀를 의심하고 다시 물었다. 돌아온 답은 똑같았다. 그러나 아무리 비싸고 멋진 시계라도 건전지의 수명이 다하면 시계는 작동하지 않아 장식용으로만 사용될 뿐이다. 마찬가지로 그리스도인은 전도하기 위해서 거듭났기 때문에 전도하지 않는 그리스도인은 전혀 존재 의미가 없다. 목사와 선교사와 장로와 권사의 직분을 받았지만, 전도자의 삶을 살아가고 있지 않다면 하나님 앞에서는 의미 없는 삶을 살아가고 있는 것이고 큰 죄를 범하는 것이다. 계속해서 복음 전도자로 살려면 계속해서 훈련받아 전도의 영성을 보충해야 한다.

D3전도중심제자훈련은 기존의 제자훈련과는 전혀 다른 7가지 독특성이 있다. 단순성, 단기성, 보충성, 보편성, 통일성, 개별성, 경제성 등이다. 이 중에서 보충성은 평신도를 '가서 제자 삼을 수 있도록' 훈련한 후 그 일을 계속해서 할 수 있도록 보충훈련을 한다는 뜻이다. 왜 D3전도중심제자훈련에서는 보충훈련을 강조할까? 그렇게 하지 않으면 실제로 계속해서 전도하지 않기 때문이다.

예수께서 마지막으로 '가서 제자 삼으라'고 당부하신 것은 복음을 가장 효과적으로 전할 뿐 아니라, 대를 이어 전하라는 뜻이다. 따라서 교회는 성도들이 대를 이어 계속해서 복음을 효과적으로 전할 수 있도록 훈련하는 일을 멈추지 않아야 한다.

QUESTION 09
초대교회는 누구에게 먼저 복음을 전했는가?

앞서 살펴보았듯이 사도들은 박해 가운데서도 성전에 있든지 집에 있든지 예수는 그리스도라고 가르치고 전하도록 훈련하였다. 그러자 스데반과 빌립과 같은 평신도들이 나가서 복음을 담대히 전했다. 그런데 그들이 주로 복음을 전한 대상은 누구였는가? 이방 나라에 가서 복음을 전했지만, 그 대상은 유대인이었다.

> 그 때에 스데반의 일로 일어난 환난으로 말미암아 흩어진 자들이 베니게와 구브로와 안디옥까지 이르러 유대인에게만 말씀을 전하는데
>
> 행 11:19

왜 초대교회의 성도들이 이스라엘 밖으로 흩어져서 복음을 전했음에도 이방인에게 복음을 전하지 않고 유대인에게만 복음을 전했을까? 이에 대한 궁금증을 해결하려면 먼저 유대인과 유대교에 대해 알아야 한다.

유대인과 유대교를 이해하라

일반적으로 유대인·유태인·유다인을 혼용하여 사용하고 있는데 엄밀히 말하면 각기 다소 다른 의미를 갖고 있다. 유대는 라

틴어 유다이아(Judaea)에서 왔는데 이를 한자로 옮긴 것이 유태(猶太)다. 따라서 유대인과 유태인은 같은 의미로 볼 수 있다. 참고로 유태(猶太)는 단지 발음을 빌린 것이기에 그 의미는 중요치 않다.

유대인(유태인)과 유다인은 다르다. 통일왕국 이스라엘이 북(北)이스라엘과 남(南)유다로 나누어졌는데, 남(南)유다 백성이 유다인이다. 따라서 이스라엘 백성 전체를 뜻하는 유대인과 남(南)유다 백성을 뜻하는 유다인은 구분되어야 한다(삼하 2:4, 대하 13:15; 20:4).

그러면 유대인의 기원은 언제로 보아야 할까? 이에 대해서는 크게 두 가지 설이 있다.

첫째로, 광의의 의미로서 이스라엘의 12지파 중의 하나인 유다 지파에서 유대인이 생겼다고 본다. 유대 민족은 고대 셈족의 한 갈래로서 히브리어를 말하는 사람들의 후손으로(창 10:1, 21-32; 대상 1:17-28, 34; 2:1,2) 아브라함으로부터 그의 아들 이삭과 손자 야곱으로 이어지는데, 야곱은 얍복 강가에서 이스라엘로 바뀌었다(창세 32:27-29). 그리고 이스라엘(야곱)의 아들들이 열두 지파의 시조가 되는데 그중에서 유다 지파에서 유다 사람 즉 '유대인'이라는 단어가 만들어졌다는 것이다(왕하 16:6).

둘째는, 협의의 의미로서 바벨론에서 귀환한 자들이 유다 지파였기 때문에 이를 유대인의 기원으로 본다. 다윗은 B.C.

1000년경, 가나안 땅에 이스라엘의 12지파를 통합하여 통일왕국을 이룬다. 솔로몬이 왕위를 잇지만, 그가 죽은 후 통일왕국은 북이스라엘(사마리아)과 유다왕국(예루살렘)으로 분열된다(B.C. 931년).

그 후 북이스라엘 왕국(10지파)은 앗시리아의 침입으로 멸망하게 되었고(B.C. 722년), 유다왕국(유다와 베냐민 지파)은 바벨론의 공격으로 멸망당했다(B.C. 586년). 그런데 남유다는 북이스라엘과는 달리 바벨론으로 끌려가서 포로 생활을 하다가 예레미야 선지자의 예언대로 고국으로 귀환했는데, 이때 유다 백성들이 중심이 되었기 때문에 유대인으로 불렸다는 것이다.

그런데 유대인의 기원을 광의의 의미로 보든 협의의 의미로 보든 유대인과 유대교는 떼래야 뗄 수 없다. 모든 유대인이 유대교를 믿는 것은 아니지만 유대인을 떠나서는 유대교는 존재할 수 없다. 왜냐하면 유대교는 한마디로 유대인의 종교이기 때문이다.

유대교의 기원을 어떻게 보느냐에 따라 유대교를 구약종교와 동일시할 수도 있고, 전혀 다른 종교로 볼 수도 있다. 만일 유대교의 기원을 구약시대의 광야교회로 본다면 구약종교와 동일시할 수 있겠지만, 유대교의 기원을 얌니아 공회(A.D. 90년) 이후로 본다면 구약종교와 동일시할 수 없다.

과연 1세기 유대인은 어떤 종교를 믿고 있었을까? 구약종교일까? 유대교일까? 구약종교는 구약성경에 기초를 두지만, 유대교는 토라와 탈무드를 중시한다. 구약종교는 율법과 제사와 성전 종교이지만 유대교는 성전이 없는 율법주의이다. 즉 유대교는 성경에 계시된 하나님과 관계없는 소위 유대 율법주의의 소산이다.

1세기 유대교는 크게 네 가지 분파로 나뉘어져 있었다. 모세 오경만을 정경으로 믿은 사두개파, 율법의 준수를 강하게 주장한 바리새파, 세속을 이탈하여 사회와 구별된 공동체 생활을 한 에세네파, 로마 정부에 폭력으로 항거한 열심당이다. 그들은 헤롯 성전에서 제사를 드렸지만, 어느 분파도 다윗의 후손으로 오는 메시아를 기다리지 않았다. 따라서 1세기 유대인들이 믿었던 종교는 구약종교가 아니라 유대교로 보아야 한다. 왜냐하면 그들이 구약종교를 믿었다면 구약성경을 믿었을 것이고, 예수님을 선지자들이 예언한 대로 하나님께서 보내주신 메시아로 믿었을 것이 분명하기 때문이다.

이처럼 유대교도들이 예수님을 메시아로 믿지 않기 때문에 그들에게 복음을 전하려면 무엇보다도 왜 기독교가 예수님을 메시아라고 주장하는지를 설명해야 한다. 몇 해 전, 이슬람권에서 D3전도중심제자훈련세미나를 인도하던 중, 이른 아침에 전 세계에 흩어져 있는 D3동역자들에게 '원포인트 매일 큐티'를 보내고 있을 때였다.

갑자기 이런 의문이 뇌리를 스쳐갔다.

'유대교인과 이슬람교도 중에 어떤 자를 기독교로 개종시키는 것이 쉬울까?'

독자들도 동일한 질문을 던지고 이에 답해보기를 바란다. 먼저 이 질문에 답하기 위해서는 기독교와 유대교와 이슬람교의 차이점을 살펴보아야 한다. 크게 다섯 가지 측면에서 이를 살펴본다.

첫째로, 신관이 전혀 다르다. 혹자는 기독교와 유대교와 이슬람교가 믿는 신은 하나이고 명칭만 다르다고 주장한다. 그러나 이는 잘못된 주장이다. 기독교에서는 삼위일체론을 주장하는 데 반하여 이슬람교와 유대교는 단일신론을 주장한다.

둘째로, 예수님에 대한 이해가 전혀 다르다. 유대교는 예수님을 랍비(존경받는 선생) 또는 거짓 메시아로, 이슬람교는 선지자 중의 한 사람으로 각각 이해하지만, 기독교는 삼위 하나님 중의 한 분으로 믿는다.

셋째로, 신과 인간의 관계성이 전혀 다르다. 유대교의 야훼와 이슬람교의 알라는 사람에게 일방적인 복종을 요구한다. 그러나 기독교의 하나님은 육신의 몸을 입고 이 세상에 오셔서 우리의 죄를 대신하여 십자가에 못 박혀 죽으신 사랑의 하나님이시다.

넷째로, 경전이 전혀 다르다. 이슬람교의 경전인 코란은 아랍의 전통종교와 문화에 구약성경 일부를 자의적으로 편집하여 만든 것이고, 유대교의 경전은 '타나크'라고 불리는 구약성경이다. 그러나 기독교의 경전은 구약성경과 신약성경을 포함한다.

다섯째로, 구원관이 전혀 다르다. 이슬람교는 원죄를 인정하지 않기 때문에 스스로 선행을 통하여 구원을 받는다고 가르친다. 또 유대교는 유대교를 믿는 유대인만이 천국에 갈 수 있고 유대교를 배신한 유대인이나 유대인이 아닌 사람은 지옥에 간다고 가르친다. 그러나 기독교는 예수께서 인류의 죄를 대신하여 십자가에 못 박혀 죽으시고 부활하신 사실, 즉 복음을 믿으면 누구든지 구원을 받을 수 있다고 가르친다. 이렇게 여러 가지 차원에서 기독교와 유대교와 이슬람교가 다르기 때문에 기독교인이 유대교도와 이슬람교도를 대상으로 전도한다는 것은 결코 쉬운 일이 아니다.

그런데 만일 유대교도와 이슬람교도에게 복음을 전한다면 어떤 자에게 전하는 것이 더 어려울까? 당연히 유대교도다. 왜냐하면 이슬람교는 예수님을 선지자 중의 하나라고 생각하지만, 유대교는 예수님을 거짓 메시아로 생각하기 때문이다. 즉 이슬람교도들은 예수님에 대해 좋은 감정을 갖고 있지만, 유대교도들은 극도로 적대감을 갖고 있기 때문이다.

그런데 당시 유대인을 전도하기가 힘들었지만, 초대교회의 성도들은 그들에게 복음을 전해서 그리스도인이 되게 하였다. 따라서 유대인 전도를 어렵거나 불가능하다고 생각하지 말고 성령의 능력으로 담대히 복음을 전하여 예수께서 메시아이심을 깨닫고 주님께 돌아오도록 해야 한다.

회당을 통한 유대인 복음화 전략을 세워야 한다

회당(synagogue)은 '모임, 집회'를 의미하는 '쉬나고게'(συναγωγή)에서 온 말로서 히브리어로는 '베트 크네세트'(בית כנסת)다. 회당은 유대교의 공적인 기도·예배의 장소이기 때문에 유대교와 회당은 불가분의 관계에 있다. 따라서 유대인에게 복음을 전하기 위해서는 먼저 회당에 대해서 알아야 한다.

회당의 기원에 대해서는 여러 가지 학설이 있지만, 바빌론 유폐 시대에 유대왕국 멸망(B.C. 586년)으로 소실된 예루살렘 성전을 대신하기 위해 공적인 예배 장소로 발달했다는 설이 가장 보편적이다. 즉 유대인들이 바벨론에서 포로 생활을 하면서는 희생 제사를 드릴 수 없었기 때문에 회당을 중심으로 하나님의 율법을 가르치고 배우는 형식으로 예배를 전환하였다는 것이다.

유대인들은 소아시아와 유럽에 흩어져서 살면서 회당을 중심으로 신앙생활을 하였다. 그리고 헤롯 성전이 파괴되기 전까지 팔레스타인 전역에 회당을 세웠기 때문에 당시 예루살렘에만 무려 400개가 넘는 회당이 있었다고 한다.

그런데 로마 장군 티투스에 의해 A.D. 70년 예루살렘 성전이 무너지자, 회당은 성전의 역할을 완전히 대신하면서 종교적인 기능이 크게 확대되며 유대인들의 신앙생활에서 가장 중추적인 장소가 되었다. 그리고 한 걸음 더 나아가 율법을 교육하는 장소로도 크게 활용되었다. 특별히 바리새파는 유대 민족의 일체성을 유지하기 위해 회당을 통하여 율법을 전 국민에게 교육하였다. 그리고 회당에서 일종의 의무교육으로 유대 소년들에게 구약성경을 가르쳤기 때문에 때로는 학교와 동일한 개념을 갖기도 했다.

회당예배는 다음의 순서로 진행된다. 크게 제의적인 부분과 교육적인 부분으로 나뉘는데, 유대교의 신앙고백을 뜻하는 '쉐마'(Shema)를 낭송함으로 시작된다. 쉐마는 신명기 6장 4-9절과 11장 13-21절, 민수기 15장 37-41절로 이루어져 있다. 다음은 쉐마 낭송을 전후하여 한두 개의 찬송을 한 다음에 회당예배의 핵심을 이루는 이른바 '쉬모네 에스레'(숫자 18을 뜻함) 기도문을 낭독한다. 내용은 하나님을 향한 찬양과 청원과 감사의 형태로 신앙의 중심 주제들과 이스라엘의 소망을 담고 있다. 이 기도는 기도의 전형으로 통하기에 '테필라'(Tefilla)라고 불리고, 또한 선 채로 기도하기에 '아미다'(Amida)로 불리기도 한다.

다음은 율법에서 발췌한 성구와 예언서에서 발췌한 성구를 낭독하고 설교를 한다. 설교는 회당장이 지명하거나 자원자가 할 수도 있다. 예수께서 안식일에 회당에서 성경을 읽고 가르치셨고, 사도 바울이 전도 여행을 하면서 안식일에 회당에서 복음을 전할 수 있었던 것은 바로 이렇게 회당을 운영했기 때문이다. 마지막으로 설교 후 축복하고 마친다.

　우리는 유대인들이 그들의 종교와 교육을 위해 운영하는 회당을 복음을 증거하는 장소로 활용해야 한다. 바울이 당시 회당을 통해서 유대인에게 복음을 전하였듯이, 유대 그리스도인(Messianic Jew)들을 통하여 회당에서 복음을 증거하도록 해야 한다. D3전도중심제자훈련에서는 전 세계에 흩어져 있는 회당을 통하여 유대인에게 복음을 전할 방안을 다각도로 연구하고 있으며 머지않은 장래에 구체적인 실행계획안을 책으로 출간할 예정이다.

초대교회가 유대인 전도에 집중한 이유가 있다

　앞에서 언급했듯이 초대교회는 이방 나라로 뿔뿔이 흩어진 상황에서도 이방인에게 복음을 전하지 않고 유대인에게만 복음을 전했다. 그들이 그렇게 한 이유는 무엇인가? 여러 가지 이유가 있겠지만 필자는 크게 두 가지 때문이라고 생각한다.

　하나는, 예수께서 이방인보다 유대인에게 먼저 복음을 전하라는 말씀의 의미를 깨달았기 때문이다. 예수께서 제자들을 파송하시면서 다음과 같이 말씀하셨다.

　　예수께서 이 열둘을 내보내시며 명하여 이르시되 이방인의 길로도 가지 말고 사마리아인의 고을에도 들어가지 말고 오히려 이스라엘

> 집의 잃어버린 양에게로 가라　　　　　　　　　마 10:5-6

이 말씀은 한마디로 이방인에게 복음을 전하지 말고 유대인에게만 전하라는 것이다. 그런데 정말 예수께서 이방인에게는 복음을 전하지 말라는 뜻으로 말씀하셨을까? 결코 그렇지 않다. 예수께서는 모든 사람이 구원을 받으며 진리를 아는 데에 이르기를 원하신다(딤전 2:4). 예수께서는 자신에게 손을 내밀었던 이방인을 결코 빈손으로 돌려보내신 적이 없다.

그런데 왜 예수께서 이방인에게는 전도하지 말고 유대인에게만 하라고 하셨는가? 원래 하나님께서 이스라엘을 사랑하셔서 일방적으로 선택하시고 언약의 백성으로 살도록 명령하셨지만, 그들은 교만하여 하나님을 배반하고 우상을 숭배하였다. 하나님께서 수많은 선지자를 보내서 회개하고 돌이키라고 말씀하셨지만, 그들은 끝까지 불순종했다.

마지막으로 하나님께서 보내신 분이 바로 예수 그리스도이시다. 그러나 그들은 예수께도 대적하며 불순종하였다. 이제 그들에게 남은 것은 오직 임박한 심판밖에 없었다. 그래서 예수께서 회개할 기회를 주시기 위해 그들에게 먼저 복음을 전하라고 말씀하신 것이다. 예수께서 유대인에게 먼저 복음을 전하라고 하신 것은 그들을 얼마나 사랑하시는지를 보여주신 것이다.

사실 제자들은 예수님과 함께 있을 때는 이렇게 말씀하신 의미를 깨닫지 못했다. 그러나 예수께서 죽으시고 부활하신 후에는 말씀하신 의미를 깨닫고 먼저 유대인 전도에 집중한 것이다.

다른 하나는, 그들이 유대인에 대한 하나님의 계획을 깨달았기 때문이다. 하나님께서는 이방인과 유대인에 대한 구원계획을 갖고 계시다. 한마디로 이방인의 충만한 택자들이 차면 그때 하나님께서 이스라엘의 남은 자들을 모두 구원하신다는 것이다(롬 11: 25-27). 어떻든 이방인이 다 구원을 받아도 유대인이 구원받지 못하면 예수께서 재림하신다는 약속은 이루어질 수 없다(마 24:14).

하나님께서 이스라엘을 일방적으로 선택하신 것은 그들을 통하여 이방인을 모두 구원하시기 위해서다. 그런데 이러한 하나님의 계획이 이루어지려면 무엇보다 유대인이 먼저 복음을 깨닫고 복음의 증인이 되어야 한다. 유대인은 세계 복음화의 시작이고 마침표다. 유대인이 없이는 절대로 세계 복음화는 불가능하다.

초대교회의 사도들은 이런 사실을 깨달았기에 유대인들에게 복음을 전하기 위하여 예수는 그리스도라고 가르치기와 전도하기를 그치지 않았던 것이다(행 5:42). 사도 바울이 이방인 선교사로 부르심을 받았지만 우선 유대인 전도에 심혈을 기울인 것도 바로 이 때문이다.

내가 복음을 부끄러워하지 아니하노니 이 복음은 모든 믿는 자에게

구원을 주시는 하나님의 능력이 됨이라 먼저는 유대인에게요 그리고 헬라인에게로다
롬 1:16

우리도 먼저 유대인들에게 복음을 전해야 한다. 왜냐하면 그들은 메시아가 반드시 오신다고 약속하신 것을 믿고 메시아 대망 사상을 갖고 있는데, 기다리는 메시아가 바로 예수님이시라는 것을 알면, 죽음을 두려워하지 않고 이를 증거하기 때문이다.

사도 바울이 그리스도인들을 핍박하던 자였지만, 다메섹 도상에서 회심한 후 복음을 전하다 순교할 수 있었던 것은 예수께서 진짜 메시아이심을 깨달았기 때문이다. 또 스데반을 비롯한 초대교회의 성도들이 핍박을 받는 중에도 담대히 복음을 증거하다가 순교한 것도 날마다 예수는 그리스도라고 가르치고 전하는 훈련을 통해 예수께서 그리스도이심을 온전히 깨달았기 때문이다.

찾아가서 복음을 전해야 한다

필자가 전 세계에 제자훈련 사역을 하러 다니면서 선교사들로부터 종종 듣는 말이 있다.

"우리가 사역하는 곳에서는 전도가 쉽지 않습니다."

이슬람 국가나 사회주의 국가나 이스라엘 문화권에서 사역하

는 선교사들의 한결같은 고백이다. 당연히 이런 사역권에서 복음을 전하기란 쉬운 것이 아니다. 자국민들에게 복음을 전하는 것을 법적으로 금하는 사역권이기 때문이다. 전도하는 자체가 불법이기 때문에 마음대로 복음을 전할 수 없다. 언제 어떤 일을 당할는지 알 수 없다. 본서를 집필하는 중에도 터키 동부지역에서 사역하던 김진욱 선교사가 순교했다는 소식을 접했다.

그러나 현실적인 상황만 보고 절망하거나 포기하지 말고 가서 복음을 전해야 한다. 왜냐하면 주님께서 마지막으로 "가서 제자 삼으라"(마 28:19-20)고 명령하셨고, "온 천하에 다니면서 만민에게 복음을 전파하라"(막 16:15)고 명령하셨기 때문이다. 복음 전도는 한마디로 어명이다. 만왕의 왕이신 주님의 명령을 어기고는 단 한 사람도 살아남을 수 없다.

전도는 마귀의 자녀를 하나님의 자녀가 되게 하는 것이기 때문에 우리의 일이 아니라 주님의 일이다. 따라서 우리가 명령에 순종하여 찾아가면 하나님께서 준비하신 자를 만나게 하시고 그들의 마음을 열어 복음을 듣게 하시고 구원받게 하신다.

누가는 루디아가 바울이 전한 복음을 받아들이는 과정을 다음과 같이 소개하고 있다.

> 두아디라 시에 있는 자색 옷감 장사로서 하나님을 섬기는 루디아라 하는 한 여자가 말을 듣고 있을 때 주께서 그 마음을 열어 바울의 말을 따르게 하신지라 행 16:14

무슨 말씀인가? 루디아가 바울이 전하는 말을 듣고 따르게 된 것은 바울이 설교를 잘했기 때문이 아니라 하나님께서 루디아의 마음을 열어 따르도록 하셨기 때문이라는 것이다. 그렇다. 전도는 우리가 말을 잘한다고 되는 것이 아니다. 우리가 순종할 때에 성령께서 하시는 것이다.

필자는 서울 마포구 상수동에 교회를 개척했다. 처음에는 교인이 거의 없었기 때문에 매일 전도하는 일에 목숨을 걸었다. 가가호호를 방문하여 문을 열어주는 사람들과 길거리에서 만나는 사람들에게 복음을 전했다. 매달 8천 장의 전도지를 소비했다. 하루는 전도현장에 함께한 성도들이 이렇게 말했다.

"목사님! 신기하게도 전도하러 나오면 꼭 만나고 싶은 사람을 만나네요!"

우리가 '가라'는 주님의 명령에 순종하여 나가면 하나님께서 준비하신 영혼을 만나게 하신다. 빌립이 성령의 음성을 듣고 광야로 갔더니 어떤 사람이 마차를 타고 광야를 지나고 있었다. 성령께서 그에게 가까이 가라고 해서 달려가 보니 그는 간다게의 국고를 맡은 내시였다. 이사야 53장 7-8절을 읽고 있었다. 빌립이 내시에게 읽는 것을 깨닫느냐고 묻자 내시는 "지도해 주는 사람이 없는데 어찌 깨달을 수 있느냐"(행 8:31)고 하고, 빌립을 수레에 올라 같이 앉으라고 청하였다. 빌립이 "선지자가 이 말한 것이 누구를 가리킴이냐 자기를 가리킴이냐 타인을 가리킴이냐"(행 8:34)고 내시에게 물은 뒤 복음을 증거하자 곧바로 예수님을 영접하고 가다가 물 있는 곳을 발견하자 세례를 받았다.

  만일 빌립이 성령의 음성을 듣고서도 광야로 가지 않았다면 어떻게 되었겠는가? 간다게의 국고를 맡은 내시를 만나지 못했을 것이고, 복음을 전하지 못했을 것이고, 천하보다 귀한 한 영혼을 구원할 수 없었을 것이다. 잃어버린 영혼을 찾아 나서면 반드시 하나님께서 예비하신 영혼을 만날 수 있다. 필자는 열 명에게 복음을 전하면 그중에 한두 명이 예수님을 영접하는 것을 경험하고 있다.

  전도가 안 된다고 낙심하지 말고 복음으로 무장하고 찾아가면 하나님께서 준비해두신 영혼을 만날 수 있다. 전도에 대해 말하거나, 기도하거나, 결심만 하지 말고, 예수님처럼 현장으로 찾아가야 한다. '가서 제자 삼으라'는 명령에 순종하면 반드시 천하보다 귀한 영혼을 만나게 하시고 구원받게 하신다.

chapter 03
초대교회 전도법, 그 이후를 말하다

- 10 초대교회는 제자훈련으로 어떻게 변화되었는가?
- 11 초대교회는 어떻게 성령 충만을 유지했는가?
- 12 초대교회는 바울의 전도에 어떤 영향을 미쳤는가?
- 13 왜 초대교회 전도법이 자취를 감추었는가?
- 14 왜 초대교회 전도법을 복원해야 하는가?

평신도를 단기간에 전도자로 세우는 신개념 제자훈련
HOW DID THEY EVANGELIZE?

QUESTION 10
초대교회는 제자훈련으로 어떻게 변화되었는가?

지금껏 초대교회의 사도들이 날마다 성전에 있든지 집에 있든지 예수는 그리스도라고 가르치고 전하도록 훈련한 것에 대해 자세히 살펴보았다. 사도들이 성도들을 이렇게 훈련했다는 것은 한마디로 말해서 제자훈련을 했다는 것이다. 제자훈련을 하자 성도들에게 어떤 변화가 일어났는가?

부활 신앙이 충만하므로 죽음을 두려워하지 않았다

초대교회의 성도들이 제자훈련을 받자 가장 먼저 일어난 변화는 죽음에 대한 두려움을 극복한 것이다. 사도들이 성도들을 훈련할 당시는 이미 교회에 대한 박해가 시작되었기 때문에 자칫 복음을 전하면 죽임을 당할 수도 있었다. 그럼에도 그들은 밖으로 나가 담대히 복음을 전했다. 그들이 위험한 상황에서도 이처럼 복음을 전했다는 것은 죽음을 전혀 두려워하지 않았다는 것이다.

인간은 각양각색의 두려움 속에 살아가고 있다. 사람들이 가장 두려워하는 것은 죽음이다. 왜냐하면 죽으면 모든 것이 끝이라고 생각하기 때문이다. 그런데 초대교회 성도들이 죽음을 두려워하지 않고 담대히 복음을 전했던 것은 사도들로부터 예수는 그리스도라고 가르치고 전하는 훈련, 즉 제자훈련을 받았기 때문이다.

이렇게 예수는 그리스도라고 가르치고 전하도록 훈련을 받으면 죽음을 두려워하지 않게 되는 이유는 무엇일까? 이를 반복해서 훈련받는 과정에서 예수께서 자신의 죄를 대신하여 십자가에 못 박혀 죽으시고 부활하신 사실을 확실히 믿게 되기 때문이다. 즉 부활 신앙으로 충만해지기 때문이다.

부활 신앙을 가지면 두려움을 몰아내고 절대 희망으로 살아갈 수 있다. 믿음에 있어서 최고의 적은 두려움이고, 두려움 가운데 가장 큰 것은 죽음에 대한 두려움이다. 두려운 마음을 갖게 되면 믿음으로 살아갈 수 없을 뿐 아니라 복음을 전할 수 없다. 마귀는 이런 사실을 너무나도 잘 알기 때문에 우리에게 가장 먼저 두려운 마음을 갖게 한다. 마귀도 욥을 세 가지 재앙으로 공격할 때 이 방법을 사용했다(욥 3:25).

그러나 성경은 두려움은 하나님께서 주시는 것이 아니라고 말씀하고 있다.

> 하나님이 우리에게 주신 것은 두려워하는 마음이 아니요 오직 능력과 사랑과 절제하는 마음이니　　　　　　　　　　　딤후 1:7

그리스도인이라면 누구나 부활 신앙을 갖게 마련인데, 죽음을 두려워하고 담대히 복음을 전하지 못하는 이유는 무엇인가?

그것은 초대교회처럼 날마다 예수는 그리스도라고 가르치고 전하는 훈련을 통해서 부활 신앙이 충만해 있지 않기 때문이다. 부활 신앙으로 철저히 무장하면 죽음에 대한 두려움을 물리치고 담대히 복음을 전할 수 있다.

그리스도의 참제자가 되었다

제자(헬, 마세테스)는 '따르는 자, 배우는 자'란 뜻이다. 즉, 스승에게 가르침과 훈련을 받고 그를 따르는 자를 말한다. 성경은 초대교회의 사도들이 날마다 예수는 그리스도라고 가르치고 전하도록 훈련을 하자, 즉 제자훈련을 하자 예루살렘에 제자가 수적으로 심히 많아졌다고 말씀하고 있다.

> 하나님의 말씀이 점점 왕성하여 예루살렘에 있는 제자의 수가 더 심히 많아지고 허다한 제사장의 무리도 이 도에 복종하니라   행 6:7

일반적으로 본문의 제자를 광의의 의미(구원받은 그리스도인)로 이해하고 있지만, 필자는 그렇게 생각하지 않는다. 왜냐하면 단순히 예수님을 믿는 자의 수가 증가하였다면 사도행전 2장 47절 말씀처럼 구원받은 자의 수가 늘어났다고 해야 하는데, 제자의 수가 심히 많아졌다고 말씀하고 있기 때문이다. 또 당시 사도들이 성도들에게 예수는 그리스도라고 가르치고 전하도록 훈련하여 이미 그리스도를 따르는 제자들이 많이 있었기 때문이다.

그런데 오늘날은 초대교회 당시보다 훨씬 믿는 자들은 많은데, 왜 온전히 그리스도를 좇는 자들을 찾아보기 힘든 것일까? 이는 영적 지도자가 삶 속에서 예수님의 제자로서의 모습을 보여주지 못하기 때문이다. 참다운 그리스도의 제자를 만들기 위해서는 먼저 영적 지도자가 그리스도의 제자로 살아가야 한다.
바울은 이렇게 권면한다.

> 내가 그리스도를 본받는 자가 된 것 같이 너희는 나를 본받는 자가 되라
> 고전 11:1

오랫동안 훈련을 하지만 성도들이 변하지 않는다고 절망하거나 낙심하지 말고 자신이 먼저 예수님의 제자가 되기 위해 힘써야 한다. 예수님의 가르침에 거하고(요 8:31), 자기 목숨까지도 미워하고, 자기 십자가를 지고 주님을 좇아야 한다(눅 14:26-27). 초대교회의 성도들이 참다운 그리스도의 제자가 되었던 것은 먼저 사도들이 그리스도의 제자로 살았기 때문이다.

주님의 마지막 명령에 순종하였다

마태는 주님께서 제자들에게 마지막으로 하신 명령, 즉 지상명령을 소개한다.

> 그러므로 너희는 가서 모든 민족을 제자로 삼아 아버지와 아들과 성

령의 이름으로 세례를 베풀고 내가 너희에게 분부한 모든 것을 가르쳐 지키게 하라 볼지어다 내가 세상 끝날까지 너희와 항상 함께 있으리라 하시니라

마 28:19-20

한글 성경에는 주님의 지상 명령에 여러 개의 동사가 나오지만, 헬라어 성경에는 하나의 동사만 나온다. 즉 '제자 삼으라'만 동사고, 나머지 '가라', '가르치라', '세례를 주라'는 분사다. 따라서 주님의 마지막 명령은 한마디로 제자 삼으라는 것이다.

사도들은 먼저 주님의 마지막 명령에 순종하였고, 성도들이 제자 삼으라는 명령에 순종하도록 반복해서 예수는 그리스도라고 가르치고 전도하도록 훈련하였다. 그러자 그들이 제자 삼으라는 명령에 순종했다. 그런데 우리의 현실은 어떠한가? 각종 훈련을 받지만 실제로 주님의 마지막 명령에 순종하는 그리스도인을 찾아보기 힘들다. 왜 이런 현상이 빚어질까? 초대교회는 성도들을 가서 제자 삼을 수 있도록 훈련했는데 우리는 그런 목적으로 제자훈련을 하지 않고 믿음을 자라게 하거나 성경적인 지식을 갖도록 훈련하기 때문이다. 제자훈련을 하지만 성도들이 가서 제자 삼도록 훈련하지 않는다면 이는 제자훈련을 잘못하는 것이다.

우리의 제자훈련의 방향이 바뀌어야 한다. 단지 단계별로 성경공부 과정을 이수하는 것으로 그치지 말고, 그들이 가서 복음을 전하고 가르치도록 반복해서 훈련해야 한다. 즉 주님의 마지

막 명령에 순종하도록 훈련해야 한다.

예수님처럼 세 가지 사역을 하였다

예수께서는 세 가지 사역, 즉 말씀을 가르치고, 복음을 전파하고, 병든 자들과 귀신들린 자들을 치유하셨다. 이미 언급했듯이 예수께서 이렇게 세 가지 사역을 하신 것은 본인 고유의 사역이 아니라 제자들도 그렇게 하도록 본을 보여주신 것이다. 따라서 그리스도인들은 예수님처럼 세 가지 사역을 해야 한다.

성경은 사도행전 6장부터 초대교회의 성도들이 예수님처럼 세 가지 사역을 하였다고 말씀하고 있다. 가장 먼저 등장하는 인물은 스데반이다. 스데반은 평신도이지만 예수님처럼 세 가지 사역, 즉 복음을 가르치고 전파하고 큰 기사와 표적을 행하였다(행 6:8). 그리고 복음을 증거하다 돌에 맞아 순교하였다. 그가 죽은 후 빌립이 등장한다. 빌립도 집사였지만 예수님처럼 세 가지 사역을 했다. 복음을 가르쳐 전했고 귀신을 쫓아냈고 중풍병자와 못 걷는 사람을 치유하였다(행 8:4-8).

이렇게 초대교회의 평신도들이 세 가지 사역을 할 수 있었던 이유는 무엇인가? 사도들이 날마다 성전에 있든지 집에 있든지 예수는 그리스도라고 가르치고 전하도록 훈련했고, 성도들은 나가서 복음을 가르치고 전함으로 치유가 따랐기 때문이다.

그런데 우리의 현실은 어떠한가? 목회자나 평신도나 예수님처럼 세 가지 사역을 해야 한다는 생각 자체를 하지 않는다. 또 제자훈련이라는 이름으로 성경공부만 하고 세 가지 사역을 하도록 훈련하지도 않는다. 이제 제자훈련의 교과목을 바꿔야 한다. 예수께서 세 가지 사역, 즉 가르치고 전파하고 치유하셨듯이, 모든 그리스도인이 그렇게 하도록 훈련해야 한다.

QUESTION 11
초대교회는 어떻게 성령 충만을 유지했는가?

초대교회는 예수님처럼 성령으로 세 가지 사역, 즉 가르치고, 전파하고, 치유하였다. 그들이 성령으로 세 가지 사역을 할 수 있었던 것은 무엇보다 성령 충만을 받았고 이를 유지했기 때문이다. 성령을 떠나서는 결코 예수님처럼 세 가지 사역을 행할 수 없다. 따라서 예수님처럼 사역하려면 무엇보다 성령 충만을 받아야 하고 계속해서 성령 충만을 유지해야 한다.

교회와 성령과 전도는 불가분의 관계다

예수께서 가이사랴 빌립보에서 제자들에게 "너희는 나를 누구라고 생각하느냐"고 질문하시자, 베드로는 "주는 그리스도시요 살아계신 하나님의 아들이시니다"라고 고백했다. 이에 예수께서 기뻐하시며 "너는 베드로라 내가 이 반석 위에 내 교회를 세우겠다"고 약속하셨다.

그런데 예수께서 이 약속을 하시고 승천하시기 전, 사도들과 함께 한 자리에서 다음과 같이 약속하셨다.

> 예루살렘을 떠나지 말고 내게서 들은 바 아버지께서 약속하신 것을 기다리라 요한은 물로 세례를 베풀었으나 너희는 몇 날이 못되어 성

령으로 세례를 받으리라　　　　　　　　　　행 1:4-5

　이 말씀은 한마디로 그들이 예루살렘을 떠나지 않고 예수께서 약속하신 것을 기다리면 몇 날이 못 되어 성령으로 세례를 받는다는 것이다. 그들은 이 약속을 붙잡고 마가 다락방에 함께 모였는데, 이 공동체가 신약교회다. 그런데 그들이 함께 기도하던 중 오순절이 이르자 예수께서 약속하신 대로 성령으로 세례를 받았다.
　왜 예수께서 이처럼 교회의 시작과 함께 성령으로 세례를 받게 하셨는가? 교회가 성령 충만하지 않으면 복음을 증거할 수 없기 때문이다. 즉 성령 충만해야 복음을 증거할 수 있기 때문이다. 그래서 예수께서도 성령께서 오시면 예수를 증언하신다고 말씀하신 것이다.

> 내가 아버지께로부터 너희에게 보낼 보혜사 곧 아버지께로부터 나오시는 진리의 성령이 오실 때에 그가 나를 증언하실 것이요　요 15:26

　성령께서 하시는 일은 매우 다양하다. 예를 들어 예수님을 구세주와 주님으로 영접하게 하시고, 택한 자들을 위로해 주시고, 각 사람에게 필요한 은사를 주시고, 진리 가운데로 인도하시는 등 수없이 많다. 그러나 성령께서 이 땅에 오셔서 하시는 일 가운데 가장 중요한 것은 예수께서 그리스도이심을 담대히 증거하도록 하시는 것이다. 그래서 예수께서 승천하시면서 복음을 전하기 전, 성령을 받으라고 말씀하신 것이다.

> 오직 성령이 너희에게 임하시면 너희가 권능을 받고 예루살렘과 온 유대와 사마리아와 땅끝까지 이르러 내 증인이 되리라 하시니라
> 행 1:8

교회와 성령 충만과 복음 전도는 불가분의 관계에 있다. 교회는 복음 전도를 위해 성령 충만을 구해야 한다. 왜냐하면 교회는 복음 전도를 위해 하나님께서 세우셨기 때문이다. 교회가 성령을 구하지 않으면 복음을 능력 있게 증거할 수 없고, 복음을 담대히 증거하지 않으면 교회로서의 사명을 제대로 감당하지 않는 것이다.

전도하려면 반드시 성령 충만해야 한다

전도는 마귀의 자녀를 하나님의 자녀로 인도하는 것이기 때문에 한 영혼이라도 구원하기 위해서는 마귀와의 영적 전쟁이 불가피하다. 그러나 우리의 힘과 능력으로는 마귀와의 싸움에서 이길 수 없기 때문에 복음을 전하기 위해서는 무엇보다 성령의 충만을 받아야 한다. 그런데 왜 우리는 그렇지 못한 채로 복음을 전하고 있는가? 크게 두 가지 이유에서다.

첫째로, 성령을 구하지 않기 때문이다. 예수께서 승천하신 후 제자들은 예루살렘으로 돌아와서 마가의 다락방에 거하면서 마음을 같이 하여 오로지 기도에 힘썼다. 그들은 무엇을 구했는가? 예수께서 "예루살렘을 떠나지 말고 내게서 들은 바 아버지께서 약속하신 것을 기다리라 요한은 물로 세례를 베풀었으나 너희는 몇 날이 못되어 성령으로 세례를 받으리라"(행 1:4-5)라고 하셨기 때문에 그들은 오직 성령의 세례를 받기 위해 기도했다.

그런데 우리는 주로 무엇을 구하는가? 복음을 능력 있게 전하기 위해 성령을 구하지 않고 다른 것을 구하고 있다. 대부분 이방인처럼 의식주의 문제를 해결하기 위해 기도하고 있고, 혹 성령을 구해도 복음을 증거하기 위해서가 아니라 대부분 은사를 받거나 능력을 행하기 위해서다.

예수께서는 기도하는 자에게 성령을 주신다고 약속하셨다.

> 내가 또 너희에게 이르노니 구하라 그러면 너희에게 주실 것이요 찾으라 그러면 찾아낼 것이요 문을 두드리라 그러면 너희에게 열릴 것이니 구하는 이마다 받을 것이요 찾는 이는 찾아낼 것이요 두드리는 이에게는 열릴 것이니라 너희 중에 아버지 된 자로서 누가 아들이 생선을 달라 하는데 생선 대신에 뱀을 주며 알을 달라 하는데 전갈을 주겠느냐 너희가 악할지라도 좋은 것을 자식에게 줄 줄 알거든 하물며 너희 하늘 아버지께서 구하는 자에게 성령을 주시지 않겠느냐 하시니라
>
> 눅 11:9-13

이제 기도의 제목을 바꿔야 한다. 다른 것을 얻기 위해 기도할 것이 아니라 영혼을 구원하기 위해 기도하고, 복음을 능력 있게 전하기 위해 성령을 구해야 한다. 시편 기자가 "그가 사모하는 영혼에게 만족을 주시며 주린 영혼에게 좋은 것으로 채워주심이로다"(시 107:9)라고 했듯이, 성령을 사모하면 하나님께서 성령을 항상 부어주셔서 성령 충만을 유지하고 복음 전도자로 살아갈 수 있다.

둘째로, 성령세례에 대한 오해 때문이다. 지금까지 한국교회는 대부분 중생과 성령세례는 동시에 일어난다고 생각하고 있었기 때문에 이미 구원받은 자는 성령세례를 받을 필요가 없다고 가르쳤다. 이런 주장을 하는 자들이 근거로 제시하는 대표적인 성경 구절은 사도행전 2장 38절과 10장 44-48절이다.

> 베드로가 이르되 너희가 회개하여 각각 예수 그리스도의 이름으로 세례를 받고 죄 사함을 받으라 그리하면 성령을 선물로 받으리니 행 2:38

> 베드로가 이 말을 할 때에 성령이 말씀 듣는 모든 사람에게 내려오시니 베드로와 함께 온 할례 받은 신자들이 이방인들에게도 성령 부어 주심으로 말미암아 놀라니 이는 방언을 말하며 하나님 높임을 들음이러라 이에 베드로가 이르되 이 사람들이 우리와 같이 성령을 받았으니 누가 능히 물로 세례 베풂을 금하리요 하고 명하여 예수 그리스

도의 이름으로 세례를 베풀라 하니라 그들이 베드로에게 며칠 더 머물기를 청하니라
행 10:44-48

그런데 성경에는 이처럼 중생 시에 성령세례를 받는다는 구절만 나오는 것이 아니다. 중생 후에 성령세례를 별도로 받는 경우도 나온다. 이에 대한 대표적인 성경 구절은 아래와 같다.

예루살렘에 있는 사도들이 사마리아도 하나님의 말씀을 받았다 함을 듣고 베드로와 요한을 보내매 그들이 내려가서 그들을 위하여 성령 받기를 기도하니 이는 아직 한 사람에게도 성령 내리신 일이 없고 오직 주 예수의 이름으로 세례만 받을 뿐이더라 이에 두 사도가 그들에게 안수하매 성령을 받는지라
행 8:14-17

아볼로가 고린도에 있을 때에 바울이 윗지방으로 다녀 에베소에 와서 어떤 제자들을 만나 이르되 너희가 믿을 때에 성령을 받았느냐 이르되 아니라 우리는 성령이 계심도 듣지 못하였노라 바울이 이르되 그러면 너희가 무슨 세례를 받았느냐 대답하되 요한의 세례니라 바울이 이르되 요한이 회개의 세례를 베풀며 백성에게 말하되 내 뒤에 오시는 이를 믿으라 하였으니 이는 곧 예수라 하거늘 그들이 듣고 주 예수의 이름으로 세례를 받으니 바울이 그들에게 안수하매 성령이 그들에게 임하시므로 방언도 하고 예언도 하니 모두 열두 사람쯤 되니라
행 19:1-7

성경이 이렇게 두 가지 경우를 말씀하고 있는 것을 통하여 무엇을 알 수 있는가? 성령세례와 중생이 동시에 일어나는 경우가 있고, 거듭난 후에 성령세례를 별도로 받는 경우가 있다는 것이다. 따라서 성령세례를 누가 받았느냐에 따라 성령세례의 의미를 각각 다르게 해석해야 한다. 처음 믿는 사람이 성령세례를 받는다는 것은 중생과 동시에 성령 충만을 받는다는 뜻이고 이미 구원받은 사람이 성령세례를 받는다는 것은 전도하도록 성령의 능력을 받는다는 의미다.

이런 사실은 예수께서 승천하시기 전 제자들에게 하신 말씀을 통해서 확인할 수 있다.

> 예루살렘을 떠나지 말고 내게서 들은 바 아버지께서 약속하신 것을 기다리라 요한은 물로 세례를 베풀었으나 너희는 몇 날이 못되어 성령으로 세례를 받으리라 하셨느니라
>
> 행 1:4-5

> 오직 성령이 너희에게 임하시면 너희가 권능을 받고 예루살렘과 온 유대와 사마리아와 땅 끝까지 이르러 내 증인이 되리라 하시니라
>
> 행 1:8

예수께서 성령세례를 받으라고 말씀하셨던 대상은 제자들이었다. 당시 제자들은 이미 예수께서 십자가에 못 박혀 죽으시고 부활하신 사실을 믿었기 때문에 구원받은 자들이다. 예수께

서 이미 성령으로 구원을 받은 자들에게 성령으로 세례를 받으라고 하셨고, 성령이 임하시면 권능을 받아 복음의 증인이 되라고 하신 것은 성령의 충만을 받지 않으면 복음을 증거할 수 없다는 것을 강조하신 것이다. 그리스도인은 복음 전도자로 살아가도록 계속해서 성령의 충만을 받아야 한다.

초대교회는 성령 충만을 유지하는 법을 알고 있었다

이미 살펴본 바와 같이 복음을 전도하는 것과 성령 충만은 불가분의 관계에 있다. 초대교회의 성도들이 삶의 터전을 잃고 뿔뿔이 흩어진 상황에서도 복음 전도에 목숨을 걸 수 있었던 것은 그들이 성령 충만했기 때문이다. 그런데 그들은 일정한 기간에만 성령 충만한 것이 아니라 계속해서 그런 상태를 유지하였다.

대통령에 당선되면 취임식은 한 번 하지만 임기 내내 대통령직을 수행하듯이, 전도를 계속하려면 한 번의 성령세례로는 안 되고 지속적으로 성령 충만을 유지해야 한다. 초대교회는 어떻게 성령 충만을 유지할 수 있었을까? 사도들이 성도들을 훈련하였을 때에 그들에게 일어난 변화를 살펴보면 알 수 있다.

우리가 알다시피 사도들은 날마다 예수는 그리스도라고 가르치고 전도하기를 그치지 않았다(행 5:42). 그들이 이렇게 훈련했다는 것은 한마디로 복음을 전하도록 반복적으로 훈련했다는 것이다. 그러자 성도들이 '가서 제자 삼으라'는 주님의 명령에 순종했다. 즉 그들이 복음 전도자로 살아갔다. 이를 통해서 무엇을 알 수 있는가? 복음을 전하도록 반복적으로 훈련하면 성령 충만을 유지하여 복음 전도자로 살아가게 된다는 것이다. 그렇다. 성령 충만을 유지하는 비결은 초대교회처럼 반복해서 예수는 그리스도라고 증거하도록 훈련하면 된다.

필자가 해군사관학교 교회에 제자훈련을 하러 간 적이 있다. 당시 그 교회를 담임하는 목사(황성준, 군종감 역임)가 이렇게 질문했다.

"저는 수십 년간 성경공부를 시켜도 성도들이 변하지 않는데 생도들은 입대 후 6주만 지나면 다른 사람으로 변합니다. 도대체 그 이유를 모르겠습니다."

그때 필자가 이렇게 대답했다.

"해군사관학교는 초대교회처럼 훈련하지만, 교회는 그렇게 훈련하지 않기 때문입니다."

생도들이 입교 후 6주 동안 반복해서 받는 훈련은 제식훈련이다. 국어사전은 제식훈련을 이렇게 정의하고 있다.

"집단적이면서도 통일성이 필요한 군인에게 절도와 규율을 익히게 하는 훈련."

제식훈련에는 도수 동작 10개(차렷, 열중쉬어, 쉬어, 편히쉬어, 편히 앉아, 우향우, 좌향좌, 뒤로 돌아, 우향 앞으로, 좌향 앞으로)와 집총 동작 6개(앞에 총, 세워 총, 우로 어깨총, 좌로 어깨총, 우 내려 총, 좌 내려 총, 검사 총)의 기본동작이 있는데, 이를 반복하여 연습하면 생각과 의식과 몸이 군의 지시에 따라 자동적으로 조건 반사하게 되므로 이전과는 다르게 절도 있게 행동하게 된다. 마찬가지로 예수께서 그리스도이시라고 반복해서 훈련하면 자신도 모르는 사이에 예수께서 구원자이심을 확신하게 되어 복음을 전하므로 성령께서 함께하시고, 또한 성령께서 함께하심으로 계속해서 복음을 전하기 때문에 성령 충만을 유지하게 되는 것이다.

필자는 D3전도중심제자훈련을 창안하여 지구촌 곳곳을 두루 다니며 초대교회처럼 예수는 그리스도라고 반복해서 가르치고 전하도록 훈련하고 있다. 부록에 있는 '3분복음메시지'로 예수는 그리스도라고 반복해서 전하도록 훈련하고, '온가족튼튼양육 1과'로 예수는 그리스도라고 반복해서 가르치도록 훈련하고 있다. 그러자 세계 곳곳에서 하나둘씩 복음 전도자들이 만들어지고 있다.

이전에는 전도를 엄두조차 내지 못했던 평신도들이 '3분복음메시지'를 무한 반복하자 성령 충만하여 담대히 복음을 전하고 있다. 필자도 날마다 3분복음메시지를 암송하여 성령 충만을 유지하므로 복음 전도자로 살아가고 있다. 누구든지 예수는 그리스도라고 가르치고 전하도록 반복적으로 훈련하면 성령 충만을 유지하므로 계속해서 복음 전도자로 살아갈 수 있다.

QUESTION 12
초대교회는 바울의 전도에 어떤 영향을 미쳤는가?

　일반적으로 초대교회가 바울의 복음 전도에 영향을 미치지 않았다고 생각한다. 그들이 이렇게 생각하는 데는 나름대로 이유가 있다. 그것은 바울이 갈라디아교회에 보낸 편지에서 그가 복음을 사람에게 배운 것이 아니라 예수 그리스도의 계시로 말미암았다고 말하기 때문이다(갈 1:11-12). 그런데 이는 바울이 복음 자체를 사람에게 배우지 않고 예수 그리스도의 계시로 깨달았다는 뜻이지, 복음을 전하는 것을 사도들과 무관하게 했다는 뜻이 아니다.

　바울이 전도자로 부르심을 받은 때는 초기 기독교 시대였기 때문에 복음 전하는 일에 사도들로부터 영향을 받지 않을 수 없었다. 이런 사실은 바울이 거듭나자마자 예루살렘교회에 갔을 뿐 아니라, 안디옥교회가 구원론의 문제로 위기를 맞이했을 때 바울이 직접 예루살렘교회에 가서 사도들과 논의하여 바른 구원론을 도출해 낸 것을 통해서도 확인할 수 있다. 초대교회는 바울의 복음 전도에 직간접적으로 지대한 영향을 미쳤다.

바울은 예수님을 핍박하는 자였다

　바울은 소아시아 길리기아의 수도였던 다소 출신이다. 그는 나면서부터 유대인으로 태어났고 로마 시민권을 소유하고 있었다. 당시 다소는 매우 번성한 도시로 교육열이 높았다. 바울의 부모는 그를 어렸을 때부터 전통적인 유대인으로 키우기 위하여 예루살렘으로 보내서 당대 최고의 율법학자인 가말리엘 1세의 문하생이 되게 하였다.

그는 유대인의 생활방식을 엄격하게 지켰다. 즉 율법에 매우 충실한 삶을 살았다. 그래서 그는 자신을 "나는 팔일 만에 할례를 받고 이스라엘 족속이요 베냐민 지파요 히브리인 중의 히브리인이요 율법으로는 바리새인이요 열심으로는 교회를 박해하고 율법의 의로는 흠이 없는 자라"(빌 3:5-6)고 했던 것이다.

바울이 회심하기 전 그리스도인들을 핍박하는 일에 앞장섰던 이유는 율법에 "나무에 달린 자는 하나님께 저주를 받았음이니라"(신 21:23)라고 말씀하고 있는데, 그리스도인들이 저주받아 십자가에 처형당한 예수를 추종하였기 때문이었다. 따라서 바울은 그리스도인을 박해하는 것을 율법을 지키고 하나님의 뜻에 순종하는 것으로 생각했다. 그래서 그는 유대에 있는 그리스도인들뿐만 아니라 외국에서 살고 있는 그리스도인들까지 해하려고 대제사장으로부터 그리스도인들을 체포할 권한을 위임받아 다메섹으로 향했다.

바울이 예루살렘으로부터 약 140마일이나 떨어져 있고 시리아에 속한 도시인 다메섹까지 가서 그리스도인들을 핍박할 수 있었던 것은, 이스라엘의 독특한 종교적 관습에 기인한다. 즉 당시 산헤드린의 권한을 위임받은 자는 어느 나라든 상관없이 유대인들에 대해서 재판권을 행사할 수 있었기 때문이다.

바울이 다메섹으로 가던 중 예수께서 빛 가운데 찾아오셨다.

> 사울이 길을 가다가 다메섹에 가까이 이르더니 홀연히 하늘로부터 빛이 그를 둘러 비추는지라 땅에 엎드러져 들으매 소리가 있어 이르시되 사울아 사울아 네가 어찌하여 나를 박해하느냐 하시거늘 대답하되 주여 누구시니이까 이르시되 나는 네가 박해하는 예수라 너는 일어나 시내로 들어가라 네가 행할 것을 네게 이를 자가 있느니라 하시니 같이 가던 사람들은 소리만 듣고 아무도 보지 못하여 말을 못하고 서 있더라 사울이 땅에 일어나 눈은 떴으나 아무 것도 보지 못하고 사람의 손에 끌려 다메섹으로 들어가서 사흘 동안 보지 못하고 먹지도 마시지도 아니하니라
> 행 9:3-9

바울은 예수께서 이런 방식으로 자신에게 찾아오실 줄은 꿈에서도 생각하지 못했다. 예수께서 그에게 자신을 계시하시고 그의 이름을 두 번이나 부르시면서 "네가 어찌하여 나를 박해하느냐"(행 9:4)라고 물으셨다. 이에 바울이 "주여 누구시니이까"라고 하자, 예수께서 "나는 네가 박해하는 예수라 너는 일어나 시내로 들어가라 네가 행할 것을 네게 이를 자가 있느니라"(행 9:5-6)고 하셨다.

그 후 그는 소경이 되어 다른 사람의 손에 끌려 다메섹으로 들어가서 사흘 동안 금식했다. 바울은 사흘 동안 금식하는 과정에서 율법을 지킴으로 구원받으려고 힘썼던 것이 허사였고, 오직 예수 그리스도의 은혜로만 구원받을 수 있다는 것을 뼛속까지 깨달았을 것이다. 이런 바울에게 주님께서 한 가지 사명을 주셨다. 이방인을 비롯하여 모든 사람에게 복음을 전하라는 것이다.

> 주께서 이르시되 가라 이 사람은 내 이름을 이방인과 임금들과 이스라엘 자손들에게 전하기 위하여 택한 나의 그릇이라 행 9:15

이제 바울은 자신이 무엇을 위해서 살아야 할지를 분명히 깨달았다. 지금까지는 예수 그리스도를 믿는 자들을 핍박하는 자로 살았지만, 이제부터는 예수께서 그리스도이심을 모르는 자들에게 복음을 증거하다가 순교하기로 다짐했다.

바울은 거듭나자 즉시 복음을 증거했다

바울은 시력과 건강을 회복하자 유대인들에게 복음을 전하기 시작했다. 그러자 유대인들은 바울을 배신자로 여겨 죽이려고 밤낮으로 성문을 지켰다. 바울의 제자들이 이런 음모를 알고 밤중에 그를 광주리에 담아 성벽 아래로 달아 내림으로 죽임을 당하지 않을 수 있었다.

바울이 다메섹에서 빠져나와 예루살렘으로 올라갔지만, 아무도 그가 거듭난 사실을 믿지 못했기 때문에 그와 교제하려고 하지 않았다. 이때 바나바가 앞장서서 바울의 회심을 설득하여 예루살렘교회와의 교제를 가능하게 만들었다. 바울은 예루살렘교회를 출입하며 유대인들에게 복음을 전했다. 이에 유대인들이 그를 죽이려 하자, 형제들이 이를 눈치채고 그를 가이사랴로 데리고 가서 그의 고향 다소로 보냈다.

이처럼 바울은 거듭나자마자 복음을 증거했다. 그런데 혹자는 아래의 말씀을 근거로 바울이 회심한 후 곧바로 복음을 전하지 않고 3년 동안 준비한 후에 전했다고 주장한다.

> 그의 아들을 이방에 전하기 위하여 그를 내 속에 나타내시기를 기뻐하셨을 때에 내가 곧 혈육과 의논하지 아니하고 또 나보다 먼저 사도 된 자들을 만나려고 예루살렘으로 가지 아니하고 아라비아로 갔다가 다시 다메섹으로 돌아갔노라 그 후 삼 년 만에 내가 게바를 방문하려고 예루살렘에 올라가서 그와 함께 십오 일을 머무는 동안 주의 형제 야고보 외에 다른 사도들을 보지 못하였노라 _갈 1:16-19_

> 이것은 비유니 이 여자들은 두 언약이라 하나는 시내 산으로부터 종을 낳은 자니 곧 하갈이라 이 하갈은 아라비아에 있는 시내 산으로서 지금 있는 예루살렘과 같은 곳이니 그가 그 자녀들과 더불어 종 노릇

하고 오직 위에 있는 예루살렘은 자유자니 곧 우리 어머니라

갈 4:24-26

  그들은 갈라디아서에 등장하는 아라비아를 시내 산이 있는 곳이라고 생각하여 바울이 아라비아 사막에서 조용히 칩거하면서 깊은 기도와 묵상을 통하여 준비하고 복음을 전했다고 주장한다. 만일 바울이 갔던 아라비아가 시내 산이 있는 곳이라면 그들의 주장은 일리가 있다. 왜냐하면 사막에서는 기도와 묵상 이외에 다른 일은 불가능하기 때문이다.

  그러나 F. F. 브루스, 김세윤, 리처드 롱게네커 등은 아라비아를 다메섹의 동남부에 있는 나바티아(Nabatea) 왕국으로 해석하면서 바울이 거듭나자마자 복음을 전했다고 주장한다. 유대 역사가 요세푸스도 나바티아 왕국이 아라비아에 포함되어 있다고 증언하고, 사도행전 9장 23-25절과 고린도후서 11장 32-33절도 이를 뒷받침한다.

> 여러 날이 지나매 유대인들이 사울 죽이기를 공모하더니 그 계교가 사울에게 알려지니라 그들이 그를 죽이려고 밤낮으로 성문까지 지키거늘 그의 제자들이 밤에 사울을 광주리에 담아 성벽에서 달아 내리니라
>
> 행 9:23-25

> 다메섹에서 아레다 왕의 고관이 나를 잡으려고 다메섹 성을 지켰으

> 나 나는 광주리를 타고 들창문으로 성벽을 내려가 그 손에서 벗어났노라
> 고후 11:32-33

바울이 다메섹(나바티아 왕국)에서 복음을 전할 때는 마침 헤롯 안티파스가 나바티아 왕국의 왕 아레다 4세의 딸과 결혼했다가 곧 이혼하고 동생 빌립의 아내 헤로디아와 결혼한 일로 두 나라 사이에 수년간 전쟁을 하고 있었다. 바울이 이런 상황에서 이곳저곳을 다니며 복음을 전하자 나바티아 왕의 고관들이 이를 수상히 여겨 잡으려고 할 때 제자들이 준비한 광주리를 타고 성을 빠져나간 것이다.

만일 바울이 나바티아 왕국에서 복음을 전하지 않았다면 유대인들의 반대에 직면하지 않았을 것이고, 아레다 왕의 고관들이 그를 잡으려고도 하지 않았을 것이다. 따라서 바울이 구원받은 후 아라비아에 간 것은 사역을 준비하기 위해서가 아니고, 복음을 전하기 위해서다.

물론 바울이 아라비아(나바티아 왕국)에서 전도만 하지는 않았을 것이다. 기도와 묵상을 했을 것이고, 성경도 연구했을 것이다. 그리고 그로 인하여 복음에 대한 이해와 확신이 더욱 깊어졌을 것이다. 그러나 그가 아라비아에서 3년 내내 가장 심혈을 기울였던 것은 무엇보다도 복음을 전파하는 일이었다.

참고로, 사도행전과 고린도후서가 각각 바울이 다메섹에서 복음을 전하던 중 당한 일을 소개하고 있는데 서로 다른 점이

있다. 즉 고린도후서는 아레다 왕의 고관이 바울(사울)을 잡으려고 했다고 하지만, 사도행전은 유대인들이 바울(사울) 죽이기를 공모했다고 한다. 이를 어떻게 이해해야 할까? 바울이 아라비아(나바티아 왕국)에서 3년에 걸쳐 복음을 전할 때에 유대인들 뿐 아니라, 나바티아 왕의 고관들에게도 박해를 받았다고 생각하면 된다.

바울은 초대교회 전도법으로 복음을 전했다

신약 성경의 서신서와 요한계시록에는 '제자'와 '제자 삼다'가 등장하지 않기 때문에 혹자는 바울은 제자훈련을 하지 않았다고 주장한다. 정말 그럴까? 성경에는 바울의 동역자가 많이 등장한다. 예를 들어, 바나바, 마가, 실라, 디모데, 디도, 아굴라와 브리스길라, 아볼로, 루디아, 에바브로 디도, 순두게와 유오디아, 클레멘트, 야손, 아레오바고 관원 디오누시오, 다마리, 스데바나, 아가이고, 브드나도, 글로에, 더디오, 에라스도, 골로새 교회의 빌레몬, 오네시모, 에바브라, 가이오, 두기고, 드로비모 등이다.

이들이 바울의 동역자로 등장한다는 것은 무엇을 의미하는가? 그들이 세계 복음화를 위해 바울과 함께 사역했다는 것이다. 그들이 바울과 어떤 관계에서 함께 사역했을까? 대부분 바울이 전한 복음을 통하여 구원받고 그에게 가르침을 받았기 때문에 스승과 제자 관계에서 함께 사역했다고 보아야 한다.

그러면 바울은 누구로부터 제자훈련으로 전도하는 법을 배웠을까? 혹자는 사도로부터 제자훈련 전도법을 배웠다고 주장한다. 그러나 우리가 알다시피 바울은 다메섹 도상에서 예수님을 만난 후 사도들을 만나기 전부터 복음을 전했을 뿐 아니라, 성경에 바울이 사도들에게 제자훈련을 받았다는 단서를 발견할 수 없기에 이런 주장은 불합리하다.

혹자는 다메섹의 아나니아를 통하여 배웠을 가능성을 제기한다. 왜냐하면 바울이 아나니아의 안수로 성령의 충만을 받고 세례를 받았을 뿐 아니라(행 9:17-18), 수리아 정교회의 전승에 의하면 아나니아가 예수님의 70인 제자 중의 하나로서 수리아 초기 기독교의 다메섹 초대 감독이었기 때문이라는 것이다. 가능성은 있지만, 충분한 근거를 제시하지 못한다.

그렇다면 바울은 누구에게 제자훈련 전도법을 배웠을까? 바울이 다메섹 도상에서 예수님을 만난 후 아나니아의 안수로 시력을 회복하고 전도하기 전에 어떤 일이 있었는지를 살펴보면 단서를 찾을 수 있다.

즉시 사울의 눈에서 비늘 같은 것이 벗어져 다시 보게 된지라 일어나 세례를 받고 음식을 먹으매 강건하여지니라 사울이 다메섹에 있는 제자들과 함께 며칠 있을새 즉시로 각 회당에서 예수가 하나님의 아들이심을 전파하니 듣는 사람이 다 놀라 말하되 이 사람이 예루살렘에서 이 이름을 부르는 사람을 멸하려던 자가 아니냐 여기 온 것도 그들을 결박하여 대제사장들에게 끌어가고자 함이 아니냐 하더라 사울은 힘을 더 얻어 예수를 그리스도라 증언하여 다메섹에 사는 유대인들을 당혹하게 하니라 행 9:18-22

누가는 바울이 회심 후 복음을 전하기 전, 다메섹에서 며칠간 제자들과 함께 있었다고 알려준다. 이때 어떤 일이 있었을까? 이를 추적하기 전, 바울이 함께했던 제자들은 어떤 자들인지를 알아야 한다. 크게 두 가지로 생각할 수 있다. 첫째는, 오순절에 예루살렘에 왔다가 복음을 듣고 구원받은 후 돌아간 자들이라고 볼 수 있다. 둘째는, 예루살렘교회에 큰 박해가 일어났을 때 사도 외에 모든 사람이 유대와 사마리아 모든 땅으로 흩어져서 복음을 전했는데, 이때 다메섹까지 와서 복음을 전하다가 거주한 자로 볼 수 있다(행 8:1).

먼저 첫째의 경우를 생각해보자. 당시 오순절에 15개국에서 왔는데 그중에 다메섹이 없기 때문에 제자들을 오순절에 예루살렘에 와서 복음을 듣고 구원받은 자로 보기는 힘들다. 물론 당시 다메섹과 이스라엘이 같은 언어를 사용했기 때문에 다메섹은 15개국에서 삭제되었을 수도 있다. 그러나 사도행전이 오순절에 예루살렘에 왔던 자들이 복음을 전하는 훈련을 받았다고 말씀하고 있지 않기 때문에 그들이 바울의 전도에 영향을 미쳤다고 보기는 어렵다.

다음은 둘째를 생각해보자. 박해를 피해서 예루살렘에서 다메섹으로 온 자들은 이미 사도들로부터 날마다 예수는 그리스도라고 가르치고 전하도록 제자훈련을 받았다. 그래서 그들은 바울과 며칠 함께 있는 동안에 예루살렘교회에서 사도들에게 배운 대로 예수는 그리스도라고 가르치고 전하도록 훈련했고, 바울은 곧바로 예수는 그리스도라고 증거했다(행 9:22). 이렇게 바울은 단기간에 복음 전도자를 세우는 제자훈련 방법을 알고 있었기 때문에 복음을 전할 때에 이 방법을 사용했다. 즉 바울은 초대교회 전도법인 제자훈련을 통해 복음을 전한 것이다.

바울이 초대교회의 전도법으로 복음을 전한 것은 다메섹에서 복음을 전할 때 만난 위기를 대처한 것을 통해서도 알 수 있다. 누가는 바울이 복음 전파로 유대인들에게 죽임당할 위기를 맞이한 때 어떻게 피신했는지를 알려준다.

> 여러 날이 지나매 유대인들이 사울 죽이기를 공모하더니 그 계교가 사울에게 알려지니라 그들이 그를 죽이려고 밤낮으로 성문까지 지키거늘 그의 제자들이 밤에 사울을 광주리에 담아 성벽에서 달아 내리니라
>
> 행 9:23-25

누가는 바울이 다메섹에서 죽을 위기에 처했을 때 바울을 살려준 자들이 '그의 제자들'이라고 말한다. 그의 제자는 과연 누구의 제자를 뜻할까? 문맥상 바울의 제자들이다. 어떻게 바울

이 단기간에 다메섹에서 그들을 제자로 삼을 수 있었을까? 바울이 다메섹에 '여러 날'을 지내는 동안 그들에게 복음을 전하도록 제자훈련을 했기 때문이다. 바울은 앞서 제자들과 며칠간 함께 있을 때 그들에게 훈련받은 방법으로 또 다른 자들을 전도하고 훈련해서 제자 삼은 것이다. 이렇게 바울은 단기간에 제자를 만들어 복음을 전하여 교회를 개척하고 하나님의 나라를 확장하였다.

그런데 왜 바울이 초대교회의 제자훈련을 통해 복음을 전했다는 것을 강조하는가? 초대교회가 예수께서 하신 대로 복음을 전했는데, 만일 바울이 초대교회와 다른 방법으로 복음을 전했다면 예수께서 가르쳐주신 대로 전도하지 않았다는 결론에 도달하기 때문이다.

바울의 전도법은 초대교회의 전도법과 동일하고, 초대교회의 전도법은 예수님의 전도법과 동일하다. 즉 예수께서 제자훈련으로 복음을 전하셨기에 초대교회가 이를 본받아 제자훈련으로 복음을 전했고, 초대교회가 제자훈련으로 복음을 전했기에 바울 역시 제자훈련으로 복음을 전한 것이다. 우리도 주님께서 가르쳐주신 전도법인 제자훈련으로 복음을 전해야 한다.

QUESTION 13
왜 초대교회 전도법이 자취를 감추었는가?

　예수께서 제자들에게 세 가지 사역, 즉 가르치고 전파하고 치유하는 사역을 훈련하여 복음을 전하도록 하셨듯이, 초대교회의 사도들이 평신도들에게 예수는 그리스도라고 가르치고 전하도록 훈련하자 그들이 나가서 복음을 전하되 치유를 통해서 확실히 증거하였다. 이처럼 초대교회가 평신도가 세 가지 사역을 훈련받고 복음을 전했기 때문에 우리도 그렇게 복음을 전해야 한다. 그런데 현실은 어떠한가? 초대교회 전도법과는 먼 방법으로 복음을 전하고 있다. 왜 이런 현상이 빚어진 것일까?

초대교회 전도법이 사라진 이유가 있다

　초대교회는 예수께서 예언하신 대로 A.D. 70년, 로마의 티투스 장군에 의해 예루살렘 성전이 무너진 후(마 24:1-2), 네로 황제로부터 시작된 로마제국의 기독교 박해가 수백 년 동안 이어지자 건물교회에서 모임을 갖지 못했다. 그래서 작은 가정이나 일부 개조한 집들을 예배 처소로 사용했기에 자연스럽게 건물교회는 사라지고 오직 가정교회만 남게 되었다.

　이렇게 교회가 가정교회의 형태로만 존재하게 되자 사역의 주체가 사도들로부터 평신도에게 넘어가게 되었다. 가정교회에서 평신도들이 사도들처럼 날마다 예수는 그리스도라고 가르치고 전하도록 훈련을 했다. 그리고 오늘날과 같은 일정한 예배순서조차 없이 식사 교제 중에 말씀을 듣고, 찬송을 부르고, 기도하였다.

그런데 A.D. 313년 콘스탄틴 대제(Constantine)가 밀라노에서 자유 신교령(누구나 자신이 원하는 종교를 따를 수 있도록 자유를 보장한다는 칙령)을 선포하여 기독교의 공식적인 종교활동이 가능해지자 사람들이 교회에 몰려들었고 교회는 급격히 부흥하게 되었다. 게다가 콘스탄틴 대제가 그의 죽은 모친 헬레나의 신비적 사상까지 받아들이면서 그녀를 기념한다는 명목으로 로마 곳곳에 화려한 건물교회를 짓기 시작했다.

한 걸음 더 나아가 주 후 380년경 테오도시우스(Theodosius) 황제가 데살로니가 칙령을 선포하여 기독교를 로마제국의 국교로 공인하자 성직자들에게 면책 특권이 주어지고, 교리에 대한 신학적 연구를 강화하여 적극적으로 포교 활동을 하자 교회의 힘은 갈수록 강해져 갔다. 로마제국이 기독교에 대해 매우 우호적이었기 때문에 교회 건축이 활발하게 진행되었고, 심지어 황제가 직접 교회를 건축하여 헌납하기도 했다.

또 로마는 세계를 정복하고 그 권력 지탱을 위해 왕을 신의 자리에 앉히고, 전쟁에서 죽은 전사자들을 숭배하기 위해 건물을 크게 지었는데 교회도 순교자들을 숭배하는 과정에서 건물교회를 짓기 시작하자 초라했던 가정교회는 웅장한 건물교회로

대체되었다.

이런 상황에서 국가가 백성들에게 신앙을 갖도록 법적으로 강요하자 사람들이 건물교회 안으로 몰려들었기 때문에 굳이 전도할 필요성을 느끼지 않게 되었다. 그리고 '가서 제자 삼으라'는 명령에 순종하는 데는 전혀 관심을 두지 않고, 오직 건물교회 안에서 청중을 향하여 설교하는 일에만 관심을 가졌기 때문에 가장 효과적으로 전도하는 방법인 제자훈련에서 점점 멀어져갔다.

건물교회를 짓지 말고 사람을 세워야 한다

교회는 초대교회처럼 성도들을 '가서 제자 삼으라'는 명령에 순종하도록 훈련해야 한다. 즉 복음을 전하고 가르칠 수 있는 사람을 세워야 한다. 그런데 한국교회의 현실은 어떠한가? 그리스도의 제자를 만드는 일에는 별로 관심을 두지 않고 예배당 건축하는 일에 몰두하고 있다.

지금은 이전보다 예배당 건축의 열기가 다소 식었지만, 한동안 대회라도 열린 듯 예배당 건축에 열을 올린 적이 있었다. 건물을 크게 지으면 교회가 부흥할 것이라 생각하여 막대한 빚을 지고 건축하였지만, 생각만큼 부흥은 안 되고 경기 침체로 헌금이 줄어들어 재정적인 압박을 이기지 못해 경매에 부쳐지는 교회 건물이 갈수록 많아지고 있다.

이런 교회 가운데 가장 대표적인 교회가 판교에 있었던 ○○

교회다. ○○교회는 대한예수교장로회 통합 소속으로 1992년 서울 강남구 일원동의 상가 지하에서 시작해 교인 수천 명의 규모로 성장하자, 2010년 판교에 지하 5층 지상 7층에 총면적 2만 5980㎡ 규모의 예배당을 건축하고 이전했다.

그러나 건축 과정에서 발생한 부채를 견디지 못하고 완공 3년 만에 종교 건물로는 역대 최고가인 526억 원에 경매에 부쳐졌는데, 토지 용도가 종교시설로 제한되어 교회 이외에는 입찰에 참여하지 않아 경매가가 높았기 때문에 3차례나 유찰되다가 최종 288억 원에 기독교 이단인 하나님의 교회로 소유권이 넘어갔다.

그런데 이렇게 경매로 넘겨지는 교회가 하나둘이 아니다. 해마다 법원 경매에 나오는 교회 건물이 100여 건 정도에 이르고 매매로 내놓는 교회도 점점 늘어가는 추세에 있다. 최근에는 전주의 ○○○○교회가 예배당을 교인 수에 비해 지나치게 크게 건축한 일로 각종 언론으로부터 호된 비난을 받고 있다.

목회자들이 일반적으로 예배당을 지을 때 빠지지 않고 솔로몬 성전을 들먹거린다. 그런데 예수께서 세우신 신약교회는 건물이 아니라 예수 그리스도를 주로 고백하는 자들의 모임 공동체라는 것을 기억해야 한다. 예수께서 이런 교회를 세우신 것은 솔로몬 성전이나 헤롯 성전처럼 웅장하고 화려한 성전을 원하시지 않는다는 뜻이다.

이는 예수님과 제자들의 대화를 통하여 확인할 수 있다. 예수께서 성전 옆을 지나실 때 제자들이 성전의 웅장함을 자랑하자 이렇게 말씀하셨다.

> … 내가 진실로 너희에게 이르노니 돌 하나도 돌 위에 남지 않고 다 무너뜨려지리라
> 마 24:2

무슨 의미인가? 그들이 그토록 자랑하던 화려하고 웅장한 헤롯 성전을 무너뜨리시겠다는 뜻이다. 신약시대의 성전은 바로 우리 자신이다. 하나님께서 우리 안에 거하신다. 따라서 건물교회를 화려하고 웅장하게 지으려고 하지 말고, 하나님께서 우리 안에 편히 거하실 수 있도록 거룩한 삶을 살아가는 데 힘써야 한다.

그런데 건물교회를 화려하고 웅장하게 건축하지 말아야 하는 매우 실제적인 이유가 있다. 그것은 예수께서 장차 환난이 임할 것을 여러 차례 말씀하셨기 때문이다.

> 그 때에 사람들이 너희를 환난에 넘겨 주겠으며 너희를 죽이리니 너희가 내 이름 때문에 모든 민족에게 미움을 받으리라
> 마 24:9

> 그 날에는 아이 밴 자들과 젖먹이는 자들에게 화가 있으리니 이는 땅에 큰 환난과 이 백성에게 진노가 있겠음이로다
> 눅 21:23

이는 그 때에 큰 환난이 있겠음이라 창세로부터 지금까지 이런 환난이 없었고 후에도 없으리라　　　　　　　　　　마 24:21; 막 13:19

그 날 환난 후에 즉시 해가 어두워지며 달이 빛을 내지 아니하며 별들이 하늘에서 떨어지며 하늘의 권능들이 흔들리리라　마 24:29; 막 13:24

내 생각에는 이것이 좋으니 곧 임박한 환난으로 말미암아 사람이 그냥 지내는 것이 좋으니라　　　　　　　　　　　　　　　고전 7:26

내가 말하기를 내 주여 당신이 아시나이다 하니 그가 나에게 이르되 이는 큰 환난에서 나오는 자들인데 어린 양의 피에 그 옷을 씻어 희게 하였느니라　　　　　　　　　　　　　　　　　　　　계 7:14

　이렇게 예수께서 말씀하신 대로 장차 환난이 닥치면 어떻게 되겠는가? 건물교회 안에서는 더 이상 예배를 드릴 수 없게 된다. 이 예언은 먼저 네로황제로부터 시작된 기독교 대박해로 말미암아 약 300년 동안 건물교회에서 예배를 드리지 못함으로 성취되었다.
　그런데 예언의 성취는 이중적 구조를 가지므로 예언할 당시뿐 아니라 마지막 종말에도 성취된다. 따라서 장차 교회가 큰 환난을 당하게 되면 공격의 표적이 되기 때문에 건물교회에서는 마음껏 예배를 드릴 수 없다.

이런 상황에서도 신앙생활을 계속할 수 있는 길이 있다. 그것이 바로 가정교회다. 집에서 예배를 드리면 외부에서 알 수 없으므로 환난 시대에도 핍박을 피할 수 있다. 따라서 교회는 건물교회를 짓는 데 온갖 물질과 열정을 쏟지 말고, 곧 불어닥칠 환난에 대비하여 초대교회처럼 집에서 예수는 그리스도라고 성도들을 가르치고 전하도록 훈련할 수 있는 평신도사역자를 준비시켜야 한다.

사라진 초대교회 전도법을 복원해야 한다

2019년 봄, 터키에서 D3전도중심제자훈련으로 건물교회와 가정교회 사역을 잘 감당하고 있는 OOO선교사와 함께 바울의 1차 전도여행지인 더베, 두스드라, 이고니온을 답사하였다. 성서의 땅을 밟으면서 두 가지 감정이 교차하였다. 마음 한편으로는 바울의 발자취를 따른다는 벅찬 감격이 있었지만, 다른 한편으로는 바울이 목숨을 아끼지 않고 세운 교회가 흔적조차 없이 사라진 것을 보며 몹시 마음이 아팠다.

그런 가운데 갑자기 이런 생각이 들었다.

'초대교회처럼 제자훈련으로 전도했다면 지금은 어떻게 되었을까? 혹시 우뚝 선 이슬람 사원 대신에 십자가가 세워진 예배당 건물로 가득 차 있지 않았을까? 이미 오래전에 세계 복음화가 이루어져 주님의 영광이 가득 찬 땅이 되지 않았을까?'

그렇다. 초대교회처럼 제자훈련으로 복음을 전했다면 이미 세계 복음화를 이루고도 남았다. 그러나 지금이라도 늦지 않다. 초대교회 전도법인 제자훈련으로 복음을 전하면 머지않은 장래에 이슬람 지역이 복음화될 것이고 오직 예수께서 그리스도이심을 노래하고 그분의 이름만이 높이심을 받게 될 것이다.

초대교회 전도법은 단지 교회를 부흥시키기 위한 전도 프로그램이 아니다. 성도들이 '가서 제자 삼으라'는 명령에 순종할 수 있도록 훈련하는 제자훈련이다. 이제는 거대하고 화려한 예배당을 지어 외형적으로 사람들의 관심을 끌려고 하지 말고 성도들이 세상에 나가서 복음을 효과적으로 그리고 능력 있게 전하도록 훈련해야 한다.

그런데 초대교회 전도법을 복원하려면 무엇보다 목회자와 평신도의 생각에 변화가 일어나야 한다. 그들의 생각이 각각 어떻게 바뀌어야 할까? 목회자는 평신도를 목회의 대상이 아니라 예수님의 세 가지 사역을 함께 하는 목회의 동역자로 생각해야 하고, 평신도는 자신을 목회의 객체가 아니라 목회의 주체로 생각해야 한다.

QUESTION 14
왜 초대교회 전도법을 복원해야 하는가?

모든 그리스도인은 전도 사명자다. 왜냐하면 하나님께서 복음을 전하도록 하시기 위해 먼저 우리를 선택하셨기 때문이다 (벧전 2:9). 따라서 모든 그리스도인은 전도에 대한 거룩한 부담을 갖고 복음을 전해야 한다. 그런데 전도하는 것이 전도하지 않는 것보다는 백배 낫지만, 이왕 전도하려면 초대교회처럼 해야 한다. 초대교회가 제자훈련으로 복음을 전했기 때문에 우리도 제자훈련으로 복음을 전해야 한다. 그렇게 해야 하는 이유는 무엇인가?

주님의 마지막 명령에 순종해야 하기 때문이다

예수께서 승천하시면서 마지막으로 제자들에게 다음과 같이 말씀하셨다.

> 그러므로 너희는 가서 모든 민족을 제자로 삼아 아버지와 아들과 성령의 이름으로 세례를 베풀고 내가 너희에게 분부한 모든 것을 가르쳐 지키게 하라 볼지어다 내가 세상 끝날까지 너희와 항상 함께 있으리라 하시니라
>
> 마 28:19-20

이 말씀은 한마디로 '가서 제자 삼으라'는 것이다. 그런데 이미 살펴보았듯이 '가서 제자 삼으라'는 것은 단지 복음을 가르치고 전하라는 뜻이 아니다. 예수께서 세 가지 사역을 훈련해서 복음을 전하게 하셨듯이, 우리도 그렇게 해야 한다는 뜻이다. 즉 제자훈련으로 복음을 전해야 한다는 것이다. 따라서 복음을 혼자서만 전하지 말고 다른 사람도 전할 수 있도록 훈련하여 함께 전해야 한다.

주님께서 공생애 동안 제자훈련으로 복음을 전하도록 본을 보여주셨고 마지막 승천하시면서 그렇게 하라고 명령하셨기 때문에 우리에게 이보다 더 중요한 명령은 없다. 따라서 혹 다른 명령에는 불순종해도 '가서 제자 삼으라'는 명령에는 순종해야 한다.

주님의 마지막 명령은 유효 기간이 없다. 즉 특정 기간에만 순종해야 할 명령이 아니다. 주님께서 다시 오시는 그날까지 순종해야 할 명령이다. 따라서 교회는 주님께서 재림하시는 날까지 예수는 그리스도라고 가르치고 전하도록 훈련해서 모든 성도가 가서 제자 삼도록 해야 한다.

건강한 교회가 되어야 하기 때문이다

교회는 주님의 몸이고 우리는 그 몸의 지체다. 몸의 지체가 제대로 활동해야 몸이 건강하듯이, 각각 지체로서 감당해야 할 몫을 다해야 교회가 건강할 수 있다. 몸의 지체 중에서 한두 부분만 병들어도 건강하지 않은 것처럼 소수 성도만 일하고 대부분 사역하지 않는 교회는 건강하지 않은 것이다.

이탈리아의 경제학자인 파레토는 '80대 20 법칙'을 주장했다. 이 법칙은 그의 이름을 따서 '파레토 법칙'으로 불리는데 이는 결과의 80%가 20%에 의해 비롯된다는 것이다. 즉 전체 성과의 대부분이 몇 가지 소수의 요소에 의존한다는 뜻이다. 그러나 이 법칙이 교회에 그대로 적용되어서는 안 된다. 왜냐하면 평신도의 20%만 사역하는 교회를 건강하다고 말할 수 없기 때문이다.

교회는 모든 성도가 사역해야 한다. 목회자와 열심 있는 소수의 평신도가 사역하는 교회는 건강한 교회가 아니다. 교회는 유기적 생명체이기 때문에 지체인 모든 성도들이 사역하는 '평신도사역형교회'가 되어야 건강할 수 있다.

평신도가 건강하게 사역하려면 먼저 그들이 그렇게 하도록 훈련해야 한다. 즉 평신도들이 예수는 그리스도라고 가르치고 전도하도록 훈련해야 한다. 필자가 초대교회처럼 예수께서 그리스도이심을 가르치도록 훈련하기 위해 만든 것이 '온가족튼튼양육의 1과'이고, 전도하도록 훈련하기 위해 만든 것이 '3분 복음메시지'이다. 따라서 이것을 반복해서 훈련하면 평신도들이 '가서 제자 삼으라'는 명령에 순종함으로 건강한 교회가 될 수 있다.

복음을 가장 효과적으로 전해야 하기 때문이다

세계 복음화는 주님의 최대 소원인 동시에 명령이기 때문에 교회는 반드시 복음을 전해야 한다. 그런데 복음을 전해도 가장 효과적인 방법으로 전해야 한다.

필자에게 어느 날 갑자기 이런 의문이 들었다.

'주님께서 복음을 가장 효과적으로 전하는 방법을 모르실까?'

순간 주님께서 당연히 그것을 알고 계시며 이미 우리에게 그 방법을 가르쳐주셨다는 생각이 들었다. 바로 제자훈련이다. 왜 필자가 복음을 전하는 가장 효과적인 방법이 제자훈련이라고 주장하는가? 그것은 구속 사역을 전후로 제자훈련이 있음을 발견했기 때문이다. 즉 예수께서 구속 사역을 하시기 전에 제자훈련을 하셨고, 또 구속 사역을 마치신 후에 '가서 제자 삼으라'고 명령하셨기 때문이다.

그러면 왜 제자훈련을 하면 가장 효과적으로 복음을 전파할 수 있을까? 그것은 혼자서 복음을 전하지 않고 훈련을 받은 자들과 함께 전하기 때문이다. 즉 제자훈련을 받은 사람들에 비례해서 복음을 전할 수 있기 때문이다. 제자훈련은 영혼 구원을 위한 배가운동이다. 배가는 재생산이 교회적 차원으로 일어나고 기하급수적으로 성장이 되는 것을 의미한다. 따라서 복음을 가장 효과적으로 전하기 위해서는 예수님처럼 제자훈련을 해야 한다.

　사람은 나면서부터 영적으로 마귀의 자녀이기 때문에 매년 비신자의 수는 엄청난 속도로 증가한다. 일반적인 전도방법으로는 생물학적 번성을 능가할 수 없다. 구원받는 자의 증가 속도를 비신자의 자연증가 속도보다 빠르게 하려면 제자훈련을 해야 한다. 제자훈련보다 빠르고 효과적인 전도방법은 없다. 따라서 세계 복음화를 성취하려면 가장 효과적인 방법인 제자훈련으로 복음을 전해야 한다.

모든 민족에게도 복음이 증거되어야 하기 때문이다

　주님께서 마지막으로 우리에게 당부하신 말씀은 '가서 모든 민족을 제자 삼으라'는 것이다. 따라서 우리는 온 천하에 다니면서 만민에게 복음을 증거하고 교회를 세우고 하나님의 나라를 세워가야 한다. 그런데 안타깝게도 현재 전 세계 비신자들의 80-90% 정도가 선교학에서 말하는 소위 10/40 창(10/40 window)에 살고 있다.

　이들 대다수는 기독교뿐 아니라 타 종교를 대적하는 이슬람이나 사회주의 국가이므로 마음대로 복음을 전하거나 건물교회에서 버젓이 신앙생활을 할 수 없다. 혹 복음을 전하다가 발각되면 비자를 재발급받지 못하거나 입국을 거절당하기도 하고 심지어 테러를 당하기도 한다.

　2007년 4월 18일 터키 중부 도시인 말라티아에서 틸만과 네

자티와 우우르가 순교를 당하는 사건이 발생했다. 이슬람 과격 단체인 타리캇의 일원 열 명이 성경 배포 사역과 문서 사역을 하는 기독교출판사에 들어와 미리 준비한 총과 칼과 줄 등으로 잔인하게 고문했다. 그들은 손가락을 하나하나 잘랐고 코와 입과 항문까지도 칼집을 내서 벌려 놓았고 형제들의 배에서 창자를 꺼내 다른 형제들이 보는 앞에서 조각을 냈다. 셀 수 없을 정도로 난도질을 당해 형체를 알아볼 수 없었고 끝내는 목이 잘려져 순교를 당했다.

그러나 이런 박해 지역에서도 복음을 전하고 교회를 세우는 방법이 있다. 외부에서 알아채지 못하도록 가정에서 복음을 전하고 가르치면 된다. 초대교회 전도법은 평신도가 가정에서 복음을 가르치고 전하도록 훈련하기 때문에 어떤 상황에서도 복음을 전하여 영혼을 구원하고 교회를 세워나갈 수 있다.

초기 기독교 박해시대는 오늘날의 이슬람주의나 사회주의 국가보다 더 복음을 전하기 힘든 상황이었다. 그럼에도 복음이 증거되어 교회가 세워질 수 있었던 것은, 평신도들이 집에서 복음을 가르치고 전하는 훈련을 통해 복음을 전하고 교회를 세워나갔기 때문이다. 초대교회 전도법은 당시 상황에서만 적용 가능한 것이 아니라 모든 시대 모든 나라에서 가능하기에 이 방법으로 복음을 전하면 어떤 곳에서도 교회를 세울 수 있고, 모든 민족을 제자 삼을 수 있다.

삶이 변해야 복음을 증거할 수 있기 때문이다

복음은 두 가지 방법으로 전할 수 있다. 하나는 말이고, 다른 하나는 행실이다. 처음 만나는 사람에게는 말로 복음을 전할 수 있지만 이미 알고 있는 사람에게는 말보다는 행실을 보여주어야 한다. 바울은 회당에서 처음 만나는 유대인에게 전도했기 때문에 주로 말로 했다.

우리가 가까이 있는 사람들을 주님께 인도하지 못하는 것은 삶으로 복음을 전하지 않고 말로만 전하기 때문이다. 즉 감동을 주는 삶을 보여주지 못하기 때문이다. 주일에 예배를 드리고 기도하고 찬송하며 술과 담배를 피우지 않는 것을 제외하고는 그리스도인들이 세상 사람들과 별로 다르지 않기 때문이다. 즉 그들의 눈에 매력적으로 보이지 않기 때문이다.

세상 사람들에게 호감을 사려면 세상 사람들과는 다른 가치관을 갖고 살아야 한다. 즉 세상 사람들이 추구하는 삶과 다른 삶을 살아야 한다. 그들은 돈을 가장 중요하게 생각하고 사후의 세계에 관심이 없지만, 우리는 돈보다 예수님을 중요하게 생각하고, 현세보다는 내세에 더 관심을 가지는 삶을 보여줘야 한다. 한마디로 믿음으로 살아가야 한다.

그런데 어떻게 살아가고 있는가? 교회 안에서는 주님을 뜨겁게 예배하지만 실제로 삶 가운데서는 비그리스도인과 전혀 다르지 않다. 그들처럼 돈을 가장 중요하게 생각하고 하늘나라보다는 이 세상에 소망을 두고 살아가고 있다. 가면 갈수록 그리스도인과 비그리스도인의 경계선이 무너져가고 있다.

어떻게 하면 성도들을 세상 사람들과 전혀 다른 가치관으로 살아가게 할 수 있을까? 초대교회 전도법으로 훈련하면 된다. 초대교회는 날마다 이미 구원받은 자들에게 예수는 그리스도라고 가르치고 전도하도록 훈련하였다. 그러자 그들은 돈이 구원자가 아니라 예수께서 구원자이심을 믿고 살아갔고, 죽음으로 끝이 아니라 천국이 있음을 믿고 복음을 담대히 증거하다가 순교하였다. 지금도 초대교회처럼 성도들을 훈련하면 삶이 변화되어 복음 전도자로 살아간다.

교회가 하나 되어야 전도에 집중할 수 있기 때문이다

주님께서 교회를 세우신 가장 주된 이유는 전도하도록 하기 위해서다. 한마디로 영혼을 구원하기 위해서다. 그런데 교회가 이 사명을 감당하려면 먼저 내부적으로 하나 되어야 한다. 왜냐하면 하나 되지 않으면 결코 원수 마귀와 싸워서 이길 수 없기 때문이다. 힘을 합쳐야 영적 전쟁에서 이기고 마귀에게 종노릇 하던 자를 건져 내어 하나님의 자녀가 되게 할 수 있다.

어떻게 하면 교회를 하나 되게 할 수 있을까? 무엇보다 구성원 모두가 동일한 비전을 가져야 한다. 하나님께서는 교회가 동일한 비전으로 하나가 되도록 제도적인 장치를 해 놓으셨다.

그가 어떤 사람은 사도로, 어떤 사람은 선지자로, 어떤 사람은 복음 전하는 자로, 어떤 사람은 목사와 교사로 삼으셨으니 이는 성도를 온전케 하여 봉사의 일을 하게 하며 그리스도의 몸을 세우려 하심이라

엡 4:11-12

본문은 하나님께서 교회에 주신 다섯 가지 직임의 은사를 소개하고 있다. 사도, 선지자, 복음 전하는 자, 목사와 교사다. 사도, 선지자, 복음 전하는 자, 목사 앞에는 각각 정관사가 있지만, 교사 앞에는 정관사가 없다. 그런데 '목사와 교사' 앞에는 정관사가 있다. 이렇게 '목사와 교사' 앞에 정관사가 있다는 것은 헬라어 문법상 두 기능을 말하는 한 사람을 뜻한다. 즉 목사는 교사라는 뜻이다.

목사가 교사로서 성도를 가르쳐서 온전케 하므로 둘의 관계는 사제지간이다. 제자는 스승의 가르침을 따르기 때문에 같은 생각을 가지므로 자동으로 하나가 된다. 초대교회가 어렵고 힘든 상황에서도 오직 복음 전도에 집중할 수 있었던 것은 제자훈련으로 한마음을 갖게 되었기 때문이다. 온 성도가 하나가 되어 복음을 전하려면 초대교회처럼 제자훈련을 해야 한다.

이 시대가 초대교회 전도법을 요구하기 때문이다

21세기를 맞이하면서 엘빈 토플러(Alvin Toffler), 피터 드러커(Peter Drucker), 존 나이스빗(John Naisbitt) 등 미래학자들이 급

변하는 사회를 예견했는데, 그들이 공통적으로 주장한 것은 사회의 구조가 피라미드조직에서 네트워크조직으로 변화되어간다는 것이다. 이런 변화가 일어난다는 것은 무슨 의미인가? 크게 두 가지 의미를 갖는다.

하나는 한두 사람에 의하여 좌지우지되는 사회가 아니라, 많은 사람의 참여로 결정되는 사회적 구조를 갖는다는 뜻이다. 즉 대의 민주주의에서 참여 민주주의를 향하여 나아가게 된다는 것이다. 그런데 이러한 사회적 변화는 목회 환경에도 그대로 영향을 미친다. 즉 교회가 목회자 한 사람이 주도해가지 않고 평신도들이 대거 참여하는 구조를 갖게 된다. 따라서 교회는 제자훈련을 통해서 평신도들이 목회의 주체가 되도록 해야 한다.

다른 하나는 사회가 급속히 변하게 된다는 것이다. 피라미드조직에서는 의사 결정을 하려면 여러 단계를 거쳐야 하므로 그만큼 많은 시간이 소요된다. 반면에 여러 네트워크조직에서는 단계를 거치지 않고 동시에 의사를 결정하므로 그만큼 시간이 덜 소요된다.

21세기는 스피드 경쟁 시대이기 때문에 속도 경쟁에서 패배하면 개인이든 기업이든 국가든 살아남을 수 없다. 왜 세계적인 기업이었던 코닥, 산요, 컴팩이 망했는가? 스피드 경쟁에서 패배했기 때문이다. 교회도 마찬가지로 시대적 상황에 민감하게 반응하지 않으면 타 종교에 전도대상자를 모두 빼앗겨 세계 복음화를 이룰 수 없다.

이렇게 급변하는 목회 환경에서 어떻게 해야 생존할 수 있을까? 타 종교에서 비신자들을 낚아채어 가기 전에 먼저 우리가 그들에게 복음을 전하여 구원받게 해야 한다. 그렇게 하기 위해서는 모든 평신도가 누구를 만나든지 복음을 전하고 가르치도록 제자훈련을 해야 한다.

초대교회가 핍박 가운데서도 계속해서 성장할 수 있었던 것은 모든 성도들이 복음을 전하도록 제자훈련을 받았기 때문이다. 지금도 초대교회처럼 훈련하면 평신도들이 목회의 주체가 되어 자발적으로 전도하므로 계속해서 사도행전의 부흥을 경험할 수 있다.

마지막 환난을 통과해야 하기 때문이다

로마의 네로황제로부터 시작된 기독교 박해는 10대에 거쳐 약 250년 정도 이어졌다. 그로 인하여 수많은 그리스도인들이 혹독한 박해를 받고 순교의 제물이 되었다. 그런데 그런 상황에서도 교회는 계속하여 성장해갔다.

어떻게 그것이 가능할 수 있었는가? 교회가 로마의 기독교 박해로 환난을 당할 것에 대비하여 가정에서도 성전에서 하는 것을 똑같이 할 수 있도록 훈련하였기 때문이다. 즉 예루살렘 성전이 붕괴하기 전에 평신도들이 가정에서도 예수는 그리스도라고 가르치고 전도하도록 제자훈련을 했기 때문이다.

평신도가 복음을 전하고 가르치도록 제자훈련을 하면 얼마든지 환난의 시기를 극복할 수 있다. 이는 초기 기독교 시대뿐 아니라 중국의 처소교회를 통해서도 증명이 되었다. 중국이 1949년 공산화가 될 당시 중국 전체의 기독교인들은 50만 명 정도에 불과했다. 그리고 1960-1970년대 문화대혁명 기간에 모든 예배당과 신학교가 폐쇄되고, 성경을 압수당하고, 선교사들이 추방되고, 수많은 그리스도인들이 투옥되고, 순교를 당하여 겉으로는 중국교회의 운명이 다한 것처럼 보였다.

그런데 어떻게 되었는가? 90년대 중국이 개혁개방 정책을 표명하자 죽의 장막 너머에서는 처소교회를 중심으로 사도행전과 같은 폭발적인 부흥이 일어났고, 지금은 약 1억 3천만 명이 넘는 그리스도인이 생겼다. 어떻게 이런 일이 일어났는가? 혹독한 박해 가운데서도 제자훈련을 통하여 평신도들이 복음을 전하고 처소교회를 세워갔기 때문이다.

시진핑 중국 국가주석은 가정교회의 위력을 잘 알고 있기에 2015년 종교의 중국화를 주창하면서 '종교사무조례'를 개정하여 가정교회를 삼자교회에 강제로 가입시키고 있다. 이에 불응하면 교회는 박해를 받을 수밖에 없다.

그런데 기독교에 대한 박해는 중국에서만 일어나고 있는 것이 아니다. 전 세계적으로 확산이 되어 가고 있다. 그리고 머지않아 우리에게도 불어닥칠 것이다. 그러나 이런 상황에서도 복음을 전하는 유일한 방법이 있다. 바로 초대교회 전도법으로 복음을 전하면 된다. 즉 제자훈련을 통해서 평신도들이 복음을 전하고 가정교회를 세워나가도록 하면 된다.

초대교회의 사도들이 날마다 성전에 있든지 집에 있든지 예수는 그리스도라고 가르치기와 전도하기를 그치지 않자 성도들이 나가서 복음을 전했듯이, 오늘날도 예수는 그리스도라고 가르치고 전하도록 성도들을 훈련하면 그들이 나가서 복음을 전하여 교회를 세우고 하나님 나라를 세워가는 것을 목도할 수 있다.

EPILOGUE

평신도를 단기간에 전도자로 세우는 신개념 제자훈련
HOW DID THEY EVANGELIZE?

초대교회처럼 전도하면 세계 복음화를 앞당길 수 있다!

본서는 신학 서적이나 논문이나 간증집이 아니라, 어떻게 초대교회가 성도들을 훈련하여 주님의 마지막 명령에 순종하게 했는지를 밝힌 책이다. 한마디로 초대교회 전도법을 다룬 제자훈련 지침서다.

주로 사도행전 5장 42절에 관련한 내용과 수백 회에 걸쳐 목회자 제자훈련세미나와 D3양육 부흥회에서 강의한 것을 다루었기 때문에 빠른 기간에 집필을 마칠 수 있었다. 그런데 탈고하기 전까지 여러 차례 다듬는 과정에서 매끄

럽지 않은 문장과 오탈자를 보면서 이런 생각이 들었다.

'나는 전혀 글재주가 없구나!'

사실 필자는 글 쓰는 재주가 남다르지 않다. 문장력도 부족하고, 풍성한 어휘력도 없고, 기교를 부릴 줄도 모른다. 그럼에도 금번에 이 책을 내놓게 된 데는 그럴 만한 이유가 있다.

첫째는, 제자훈련은 예수께서 친히 가르쳐주신 가장 효과적인 방법이라는 것을 알리고 싶었기 때문이다.

둘째는, 초대교회처럼 제자훈련을 하면 예수처럼 제자훈련을 하는 것이라는 것을 알리고 싶었기 때문이다.

셋째는, 'D3전도중심제자훈련'으로 훈련하면 평신도가 예수님처럼 세 가지 사역을 할 수 있다는 것을 알리고 싶었기 때문이다.

그런데 이런 목적으로 집필했지만, 그 과정에서 뜻하지 않은 수확이 있었다. 그것은 제자훈련의 의미를 보다 더 정확히 깨닫게 된 것이다. 제자훈련은 한 영혼이라도 멸망에 이르기를 원치 않으시는 하나님의 사랑에서 비롯되었다는 것이다. 왜 그럴까? 제자훈련보다 더 빠르고 효과적으로 영혼을 구원하는 전도법은 없기 때문이다. 살아 있을 때만 구원받을 수 있다. 죽기 전에 빨리 찾아가서 구원해야 한다.

필자는 마음대로 전도할 수 없는 지역, 즉 이슬람 국가나 사회주의 국가에서 선교사와 현지 목회자와 평신도지도자들을 훈련하고 있다. 그런데 그런 지역에서도 평신도들이 'D3전도중심제자훈련'으로 훈련받아 초대교회 성도들처럼 현장에서 복음을 전하고 가르치고 치유하는 사역을 목도하고 있다.

전도하지 않는 것보다는 전도하는 것이 훨씬 낫다. 그러나 이왕 전도하려면 주님께서 가르쳐주신 대로 해야 한다. 주님께서 마지막으로 '가서 제자 삼으라'고 명령하셨기 때문에 제자훈련으로 복음을 전해야 한다.

본서의 주장대로 훈련하면 한 사람 한 사람 그리스도의 제자가 되어 '가서 제자 삼으라'는 명령에 순종할 것이며 그들로 말미암아 교회가 건강하게 부흥함으로 세계 복음화의 꿈이 반드시 이루어질 것이다.

'D3전도중심제자훈련'으로 세계 복음화를 위해 함께 진력하고 있는 이카림 원장을 비롯한 더치치 성도들, 추천서를 흔쾌히 써주신 나고야국제교회 박진구 목사님, 박양우 문화체육관광부 장관님, 교정을 본 정혜지 자매님을 비롯하여 서지태 선교사(러시아), 이승복 선교사(터키), 김봉국 선교사(태국), 지구촌 곳곳에서 제자훈련으로 복음을 전하려 애쓰고 있는 D3가족들에게 감사를 전한다.

특별히 본서를 통하여 모든 목회자와 선교사들이 제자훈련을 통해 복음을 효과적으로 전파하기를 간절히 원하는 마음으로 출판비 전액을 후원해주신 영국 런던의 백정원 목사님(코너스톤 교회 은퇴)께 깊은 감사를 드린다.

부 록

3분복음메시지 : 온가족투튼양육 제1과

경건도를 단기간에 전도자로 세우는 신개념 제자훈련
HOW DID THEY EVANGELIZE?

3분복음메시지 · 전도훈련용

혹시 '복음'이라는 말을 들어보셨습니까? 복음이란 예수께서 우리의 죄를 대신하여 십자가에 못 박혀 죽으시고 부활하셨다는 것입니다. 누구든지 이 복음을 믿으면 구원을 받을 수 있습니다.

그러나 복음을 믿기 위해서는 먼저 자신이 죄인임을 깨달아야 합니다. 성경은 모든 사람이 죄인이라고 말씀하고 있습니다. 왜 그럴까요? 첫 사람 아담이 하나님께서 금하신 선악과를 먹음으로 죄를 범했는데 모든 사람이 그의 후손으로 태어났기 때문입니다.

지금까지 자신을 죄인이라고 생각하지 않았는데 갑자기 죄인이라고 인정하는 것은 쉽지 않을 것입니다. 그러나 다음의 네 가지 사실이 OOO님과 무관하지 않다면 죄인이라고 시인해야 합니다.

첫째로, 두려움은 죄의 결과이므로 OOO님에게 두려움이 있다면 OOO님 역시 죄인입니다.

둘째로, 미움은 죄의 결과이므로 OOO님이 누군가를 미워하고 있다면 OOO님 역시 죄인입니다.

셋째로, 고통도 죄의 결과이므로 OOO님에게 고통이 있다면 OOO님 역시 죄인입니다.

넷째로, 죽음도 죄의 결과인데 OOO님도 죽음을 맞이하게 되므로 OOO님 역시 죄인입니다.

그러나 죄인은 두려움과 죄와 고통 가운데 살다가 죽는 것으로 끝이 아닙니다. 죽은 후에는 반드시 심판을 받아 지옥에 던져져야 합니다. 지옥이 어떤 곳인지 아십니까? 성경은 지옥을 고통이 영원한 곳으로 한 번 들어가면 결코 나올 수 없는 곳이라고 말씀하고 있습니다. 이렇게 죄로 말미암아 죽어야 하고, 죽은 후에는 심판을 받아 지옥에 던져져 영원히 고통을 당해야 하는 것이 모든 사람의 운명인 것입니다.

어떻게 하면 이런 운명에서 벗어날 수 있을까요? 무엇보다도 죄 문제를 해결받아야 합니다. 죄의 삯은 사망이기 때문에 죄 문제를 해결받으려면 누군가 우리의 죄를 대신하여 죽어야 합니다.

그러나 우리는 모두 아담의 후손으로 죄인이기에 다른 사람을 대신하여 죽을 수 없습니다. 그렇기 때문에 예수께서 아담의 후손으로 오시지 않고 동정녀 마리아를 통하여 이 세상에 의인으로 오셔서 우리의 죄를 대신하여 십자가에 못 박혀 죽으시고 부활하신 것입니다. 따라서 예수께서 OOO님의 죄를 대신하여 십자가에 못 박혀 죽으시고 부활하신 사실, 즉 복음을 믿으면 죄 사함을 받고 구원받을 수 있습니다.

이 시간 마음의 문을 여시고 예수께서 OOO님의 죄를 대신하여 십자가에 못 박혀 죽으시고 부활하신 사실을 믿음으로 죄 사함을 받고 구원받으시기를 바랍니다.

온가족튼튼양육 제1과

　'구원'이라는 단어가 성경에 530번이나 등장하듯이 인간은 여러 가지 문제로부터 구원받지 않으면 안 되는 존재입니다. 특별히 성경은 모든 인간이 죄로부터 구원받아야 한다고 주장하고 있습니다(마태복음 1장 21절). 왜냐하면 인간의 모든 불행이 죄로부터 출발했기 때문입니다. 어떻게 하면 죄 문제를 해결받을 수 있을까요? 죄의 삯은 사망이므로 죄 문제를 해결받기 위해서는 누군가가 대신하여 죽어야 합니다. 그러나 모든 사람이 아담의 후손으로 죄인이기 때문에 다른 사람의 죄를 대신하여 죽을 수 없습니다. 그래서 예수께서 아담의 후손으로 오시지 않고 동정녀 마리아를 통하여 이 세상에 오셔서 우리의 죄를 대신하여 십자가에 못 박혀 죽으신 것입니다. 그리고 우리의 죄 때문에 죽으신 것을 증명하시기 위해서 삼 일 만에 살아나신 것입니다. 따라서 누구든지 예수께서 우리의 죄를 대신하여 죽으시고 부활하신 사실, 즉 복음을 믿으면 죄 사함을 받고 구원받을 수 있습니다.

　그런데 우리가 구원받기 위해서는 먼저 해야 할 일이 있습니다. 자신이 죄인인 사실을 깨달아야 합니다. 왜 우리가 죄인인지 성경을 통하여 살펴보도록 하겠습니다.

첫 번째 만남
지금, 구원받아야 합니다

Question 1-1

성경은 한 사람도 예외 없이 모든 사람이 죄인이라고 말씀하고 있습니다. 왜 그럴까요?

> 그러므로 한 사람으로 말미암아 죄가 세상에 들어오고 죄로 말미암아 사망이 왔나니 이와 같이 모든 사람이 죄를 지었으므로 사망이 모든 사람에게 이르렀느니라
>
> 로마서 5:12, 참조 로마서 3:10; 시편 14:1-3

💡 D3포인트

본문에서 '한 사람'은 첫 사람 아담을 가리킵니다. 하나님께서 모든 인류를 첫 사람 아담의 혈통을 따라 번성하게 하셨는데(사도행전 17:26), 아담이 하나님께서 금하신 선악과를 먹어 죄인이 되었기 때문에 그의 후손으로 태어난 사람은 모두 죄인이 되는 것입니다(대표성의 원리).

Question 1-2

성경은 모든 사람이 아담의 후손이기 때문에 죄인이라고 주장하고 있지만, 혹 자신은 죄인이 아니라고 생각할 수도 있습니다. 성경은 그런 사람에 대하여 어떻게 말씀하고 있을까요?

만일 우리가 죄가 없다고 말하면 스스로 속이고 또 진리가 우리 속에 있지 아니할 것이요
요한일서 1:8

💡 D3포인트

성경은 우리가 죄인이 아니라고 말한다면, 이는 스스로 속이는 것이고 우리 안에 진리가 없는 것이라고 말씀하고 있습니다. 죄인이 아니라고 말하는 당신의 주장이 옳은 것일까요? 아니면 모든 사람이 죄인이라고 말하는 성경의 주장이 옳은 것일까요? 만일 전자의 경우라면 당신은 스스로 자신이 죄인이 아니라는 것을 증명해야 합니다.

Question 1-3

> 평소 죄인이 아니라고 생각하고 있었는데 별안간 죄인이라고 인정하는 것은 쉽지 않습니다. 그러나 당신에게 아래와 같은 증상이 있다면 죄인이라고 시인해야 합니다. 왜냐하면 아래의 네 가지 증상은 죄인들에게 공통적으로 나타나기 때문입니다.

■ **첫째로, 두려움 속에 살아가고 있습니다.**

이르되 내가 동산에서 하나님의 소리를 듣고 내가 벗었으므로 두려워하여 숨었나이다
창세기 3:10

💡 D3포인트

아담이 동산에서 하나님의 음성을 듣고 두려워하여 숨었던 것은 금지된 선악과를 먹음으로 죄를 범했기 때문입니다. 즉 아담이 두려움을 느끼게 된 것은 죄인이 되었기 때문입니다. 당신도 아담의 후손으로 죄인이므로 두려움 속에 살아갈 수밖에 없습니다. 삶 속에서 두려움을 느끼고 있다면, 당신은 죄인임을 시인해야 합니다.

■ **둘째로, 죄 가운데 살아가고 있습니다.**

선을 행하고 전혀 죄를 범하지 아니하는 의인은 세상에 없기 때문이로다
전도서 7:20

💡 D3포인트

성경은 죄를 범치 않는 사람은 하나도 없다고 말씀하고 있습니다. 왜 그럴까요? 모든 사람은 아담의 후손으로 태어난 죄인이기 때문입니다. 행동으로는 죄를 범치 않지만 누군가를 미워하고 시기하고 질투하는 것조차도 죄를 짓는 것이기 때문에 혹 당신이 누군가를 미워하고 시기하고 질투하고 있

다면 죄인임을 시인해야 합니다. 성경은 형제를 미워하는 것은 살인죄를 범하는 것과 같다고 말씀하고 있습니다(요한일서 3:15).

■ **셋째로, 고통 가운데 살아가고 있습니다.**

아담에게 이르시되 네가 네 아내의 말을 듣고 내가 네게 먹지 말라 한 나무의 열매를 먹었은즉 땅은 너로 말미암아 저주를 받고 너는 네 평생에 수고하여야 그 소산을 먹으리라

창세기 3:17, 참조 창세기 3:8-19

D3포인트

아담이 저주를 받아 고통을 당하게 된 것은 하나님께서 금하신 선악과를 먹음으로 죄인이 되었기 때문입니다. 마찬가지로 모든 사람이 고통 가운데 살아가는 것은 아담의 후손으로 태어난 죄인이기 때문입니다. 삶 속에서 이런저런 고통을 당하고 있다면, 당신은 죄인이라고 시인해야 합니다.

■ **넷째로, 반드시 한 번은 죽습니다.**

선악을 알게 하는 나무의 열매는 먹지 말라 네가 먹는 날에는 반드

시 죽으리라 하시니라　　　　　　창세기 2:17, 참조 로마서 6:23

💡 D3포인트

　아담에게 죽음이 찾아온 것은 하나님께서 금하신 선악과를 먹었기 때문입니다. 모든 사람이 죽는 것은 아담의 후손으로 태어난 죄인이기 때문입니다. 질병으로 죽든, 교통사고로 죽든, 각종 재해로 죽든, 자연사로 죽든 모든 죽음의 근본적인 원인은 죄입니다. 당신도 한 번은 반드시 죄 때문에 죽어야 하므로 죄인임을 시인해야 합니다.

　🏷️ 위 네 가지 사실과 무관하지 않다면, 당신은 죄인이라고 시인해야 합니다. 왜냐하면 먼저 자신이 죄인임을 인정하지 않으면 죄로부터 구원받기 위해 아무 것도 하지 않게 되고, 결과적으로 구원받지 못하게 되기 때문입니다. 예수께서 "건강한 자에게는 의사가 쓸 데 없고 병든 자에게라야 쓸 데 있느니라 내가 의인을 부르러 온 것이 아니요 죄인을 부르러 왔노라"(마가복음 2:17)고 말씀하셨듯이, 자신이 죄인임을 깨달아야 구원받을 생각을 하게 되고, 구원받을 수 있는 것입니다. 따라서 당신이 구원받기 위해서 가장 먼저 해야 할 일은 자신이 얼마나 큰 죄인인지를 깨닫는 것입니다.

Question 1-4

　죄인은 두려움과 죄와 각종 고통 가운데 살다가 반드시 한 번은 죽습니다. 그런데 단지 죽는 것으로 끝이 아닙니다. 죽은 후에는 심판을 받아 지옥에 던져져야 합니다(히브리서 9:27). 당신은 지옥을 어떤 곳이라고 생각하고 있습니까?

> 만일 네 눈이 너를 범죄하게 하거든 빼버리라 한 눈으로 하나님의 나라에 들어가는 것이 두 눈을 가지고 지옥에 던져지는 것보다 나으니라 거기에서는 구더기도 죽지 않고 불도 꺼지지 아니하느니라 사람마다 불로써 소금 치듯 함을 받으리라
> 마가복음 9:47-49

💡 D3포인트

　일반적으로 사람들은 죽으면 모든 것이 끝이라 생각하고 지옥의 실재성을 부인합니다. 그러나 성경은 지옥이 반드시 존재하며, 한 번 들어가면 절대로 나올 수 없고, 사탄과 그의 부하들과 죄 문제를 해결받지 못한 사람들이 들어가서 영원히 고통을 당하는 곳이라고 말씀하고 있습니다. 하나님께서는 한 사람도 지옥에 던져져 영원히 고통당하는 것을 원하시지 않습니다.

> 🏷️ 이처럼 모든 사람은 아담의 후손으로 태어난 죄인이므로 세상에서 두려움과 죄와 각종 고통 가운데 살다가 죽어야 하고, 죽은 후에는 반드시 심판받아 지옥에 던져

겨 영원히 고통을 당해야 합니다. 어느 누구도 이런 운명에서 벗어날 수 없습니다. 그래서 하나님께서 죄와 사망과 심판과 지옥의 굴레에서 우리를 해방시키시기 위하여 한 길을 예비해 놓으셨는데, 그 길이 바로 예수 그리스도이십니다(요한복음 14:6).

Question 2-1

사람들은 예수께서 어떤 분인지에 대한 각각의 생각을 갖고 있습니다. 당신은 예수님을 어떤 분이라고 생각하고 있습니까?

이르되 더러는 세례 요한, 더러는 엘리야, 어떤 이는 예레미야나 선지자 중의 하나라 하나이다   마태복음 16:14

💡 D3포인트

이 세상에서 예수님만큼 그릇된 평가를 받고 있는 사람은 없습니다. 심지어 예수님과 3년 동안 동고동락한 제자들조차도 예수께서 정확히 어떤 분이신지를 몰랐을 정도입니다. 일반적으로 사람들은 예수님을 4대 성인 중의 한 분, 위대한 선생, 종교지도자 등으로 알고 있지만, 이는 예수님을 부분적으로만 알고 있는 것이지 정확히 알고 있는 것이 아닙니다. 과연 예수님은 어떤 분이실까요? 예수께서는 하나님이시지만, 인류의 죄를 대속하시기 위해 친히 이 세상에 인간의 몸으로 오셔서 우리의 죄를 대신하여 십자가에 못 박혀 죽으시고 부활하신 구원자이십니다(마태복음 1:21, 참조 요한복음 20:28).

Question 2-2

일반적으로 사람들은 예수님을 4대 성인 중의 한 사람으로 생각하지만, 성경은 육신을 입고 이 세상에 오신 하나님이시라고 주장하고 있습니다. 어떤 증거로 예수께서 하나님이신 것을 알 수 있을까요?

> 백부장과 및 함께 예수를 지키던 자들이 지진과 그 일어난 일들을 보고 심히 두려워하여 이르되 이는 진실로 하나님의 아들이었도다 하더라
> 마태복음 27:54

💡 D3포인트

여러 가지 증거를 통하여 예수께서 하나님이신 것을 알 수 있습니다. 첫째로, 예수께서 하나님만이 하실 수 있는 일을 행하셨습니다. 즉 죽은 자를 살리시고(요한복음 11:17-44), 폭풍을 잠잠케 하시고(마태복음 8:23-27), 보리 떡 다섯 개와 물

고기 두 마리로 오천 명이나 되는 사람들을 먹이시고(마가복음 6:30-44), 십자가에 못 박혀 죽으셨지만 삼 일 만에 다시 살아나셨습니다(마태복음 28:6). 둘째로, 예수께서 자신을 하나님이라고 말씀하셨습니다(요한복음 10:30). 유대인들은 아버지와 아들을 하나라고 생각하는데 예수께서 아버지와 아들이 하나라고 하신 것은 자신이 곧 하나님이시라고 말씀하신 것입니다. 셋째로, 제자들과 주변의 사람들이 예수님을 하나님이시라고 고백하였습니다(요한복음 20:28; 마태복음 27:54).

Question 2-3

예수께서는 여자의 몸을 통하여 이 세상에 오셨기 때문에 우리와 똑같은 사람입니다. 그런데 이 세상 사람들과는 전혀 다르게 오셨습니다. 즉 남녀의 성적인 관계를 통하여 오시지 않고 동정녀 마리아를 통하여 오셨습니다(마태복음 1:18). 왜 예수께서 그렇게 탄생하셨을까요?

> 예수 그리스도의 나심은 이러하니라 그의 어머니 마리아가 요셉과 약혼하고 동거하기 전에 성령으로 잉태된 것이 나타났더니
>
> 마태복음 1:18

💡 D3포인트

예수께서 아담의 후손으로 탄생하시면 그분도 죄인이 되므로 우리의 죄를 대신하여 죽으실 수 없기 때문입니다. 오직 예수께서 우리의 죄를 대속하실 수 있는 것은 아담의 후손으로 오신 죄인이 아니라, 성령으로 동정녀 마리아를 통하여 오신 의인이시기 때문입니다.

Question 2-4

예수께서는 아무 죄가 없으셨지만 로마 군병들에게 채찍질을 당하시고 십자가에 못 박혀 죽으셨습니다. 왜 의인이신 예수께서 그렇게 처참히 죽으셨을까요?

그가 찔림은 우리의 허물 때문이요 그가 상함은 우리의 죄악 때문이라 그가 징계를 받으므로 우리는 평화를 누리고 그가 채찍에 맞으므로 우리는 나음을 받았도다
이사야 53:5

💡 D3포인트

의인이신 예수께서 십자가에 못 박혀 죽으신 것은 우리의 죄를 대속하시기 위한 것입니다. 예수께서 십자가에 못 박혀 죽으시지 않았다면 우리는 영원히 죄 문제를 해결받을 수 없습니다. 세상에 이보다 더 큰 사랑은 없습니다. 이 세상에 죄

인을 위하여 목숨을 내줄 자가 어디 있습니까? 예수께서 우리의 죄를 대신하여 십자가에 못 박혀 죽으신 것은 하나님께서 우리를 얼마나 사랑하시는지를 보여주신 것입니다(로마서 5:8).

Question 2-5

성경은 예수께서 우리의 죄를 대신하여 십자가에 못 박혀 죽으셨다고 말씀하고 있습니다(로마서 4:25). 그런데 예수께서 십자가에 못 박혀 죽으신 것이 그분의 죄 때문인지 우리의 죄 때문인지 어떻게 알 수 있을까요?

그리스도께서 다시 살아나신 일이 없으면 너희의 믿음도 헛되고 너희가 여전히 죄 가운데 있을 것이요
고린도전서 15:17

D3포인트

예수께서 십자가에 못 박혀 죽으셨지만 다시 살아나신 것을 통하여 알 수 있습니다. 즉 부활을 통하여 알 수 있습니다. 왜냐하면 예수께서 십자가에 못 박혀 돌아가시기 전 제자들에게 "내가 너희들의 죄를 대속하기 위하여 십자가에 못 박혀 죽지만 죽은 지 삼 일 만에 다시 살아날 것이다"라고 말씀하셨는데, 말씀하신 대로 다시 살아나셨기 때문입니다.

🏷️ 예수께서 이처럼 우리의 죄를 대신하여 십자가에 못 박혀 죽으시고 부활하심으로 우리의 죄 문제를 완벽하게 해결해 주셨습니다. 그런데 가만히 있어도 자동적으로 죄 문제가 해결되는 것이 아닙니다. 어떻게 하면 죄 문제를 해결받을 수 있을까요?

Question 3-1

진심으로 회개해야 합니다.

그러므로 너희가 회개하고 돌이켜 너희 죄 없이 함을 받으라 이같이 하면 새롭게 되는 날이 주 앞으로부터 이를 것이요 사도행전 3:19

💡 **D3포인트**

예수님을 믿기 위해서는 먼저 자신의 죄를 회개해야 합니다. 왜냐하면 하나님께서는 죄 있는 상태로는 우리를 받아주시지 않기 때문입니다. 회개란 가던 길을 돌이키는 것입니다. 그동안 잘못 살아온 것을 깨닫고, 마음으로 아파하며, 의지적으로 주님께로 돌아가야 합니다. 그동안 잘못 살아온 것을 진심으로 회개하십니까?

Question 3-2

복음을 믿어야 합니다.

이르시되 때가 찼고 하나님의 나라가 가까이 왔으니 회개하고 복음을 믿으라 하시더라
마가복음 1:15, 참조 요한복음 1:12

💡 D3포인트

복음을 믿는다는 것은 예수께서 우리의 죄를 위하여 십자가에 못 박혀 죽으시고 부활하신 사실을 믿는다는 것입니다. 예수께서 당신의 죄 때문에 십자가에 못 박혀 죽으시고 다시 살아나신 사실을 진심으로 믿으시겠습니까?

Question 3-3

예수님을 자신의 주로 시인해야 합니다.

네가 만일 네 입으로 예수를 주로 시인하며 또 하나님께서 그를 죽은 자 가운데서 살리신 것을 네 마음에 믿으면 구원을 받으리라 사람이 마음으로 믿어 의에 이르고 입으로 시인하여 구원에 이르느니라
로마서 10:9-10

💡 D3포인트

예수께서 십자가에 못 박혀 죽으시고 부활하신 사실을 믿을 뿐 아니라 한 걸음 더 나아가 예수께서 자신의 주라고 시인해야 합니다. 예수님을 자신의 주라고 시인하는 것은 지금까지는 자신이 인생의 주인인 줄 알고 살았지만 이제부터는 예수님을 주인으로 모시고 살겠다고 고백하는 것입니다. 다음과 같이 고백하시겠습니까? "예수님! 당신은 저의 주인이십니다."

🙏 진심으로 자신의 죄를 회개하고, 예수께서 자신의 죄를 대신하여 십자가에 못 박혀 죽으시고 부활하신 사실을 믿으며, 입으로 예수님을 주로 시인했다면, 당신은 이미 죄 사함을 받아 하나님의 자녀가 된 것입니다. 따라서 하나님 아버지께 다음과 같이 기도를 드릴 수 있습니다.

"저의 죄를 사해 주시고 하나님의 자녀로 삼아 주심을 감사드립니다. 주님께서 저의 주인이시오니 이제부터 저의 생각과 뜻이 아니라, 오직 주님의 뜻대로 살아가게 하시고 특별히 복음을 증거하는 삶을 살아가도록 인도하여 주시옵소서. 우리 주 예수 그리스도의 이름으로 기도드리옵나이다. 아멘."

모든 그리스도인을 단기간에 전도자로 세우는 신개념 제자훈련
그들은 **어떻게** 전도했는가

도서출판 우리하나 2019
안창천 지음
초판 1쇄 발행 2019년 12월 12일

지 은 이 · 안창천
펴 낸 이 · D3평신도사역연구소
펴 낸 곳 · 도서출판 우리하나
기획 · 이카림
디 자 인 · 이진아
표지그림 · 김정애
책임교정 · 정혜지, 서지태, 김봉국, 이승복
인쇄 · 신도인쇄(주)
등 록 일 · 2007년 4월 16일
등록번호 · 제313-2007-96호
주소 · 서울시 마포구 독막로 18길 31, 3층(상수동)
주문전화 · 02-333-0091
전자메일 · pacc9191@daum.net
웹사이트 · www.d3.or.kr

ⓒ 저자와의 협약아래 인지는 생략되어 있습니다.
   이 출판물은 저작권법에 따라 무단 복제할 수 없습니다.

값 13,000 / ISBN 978-89-93476-48-4 03230

도서출판 우리하나는 'D3전도중심제자훈련'을 적극 후원합니다.

이 도서의 국립중앙도서관 출판예정도서목록(CIP)은 서지정보유통지원시스템 홈페이지
(http://seoji.nl.go.kr)와 국가자료종합목록 구축시스템(http://kolis-net.nl.go.kr)에서
이용하실 수 있습니다. (CIP제어번호 : CIP2019049046)